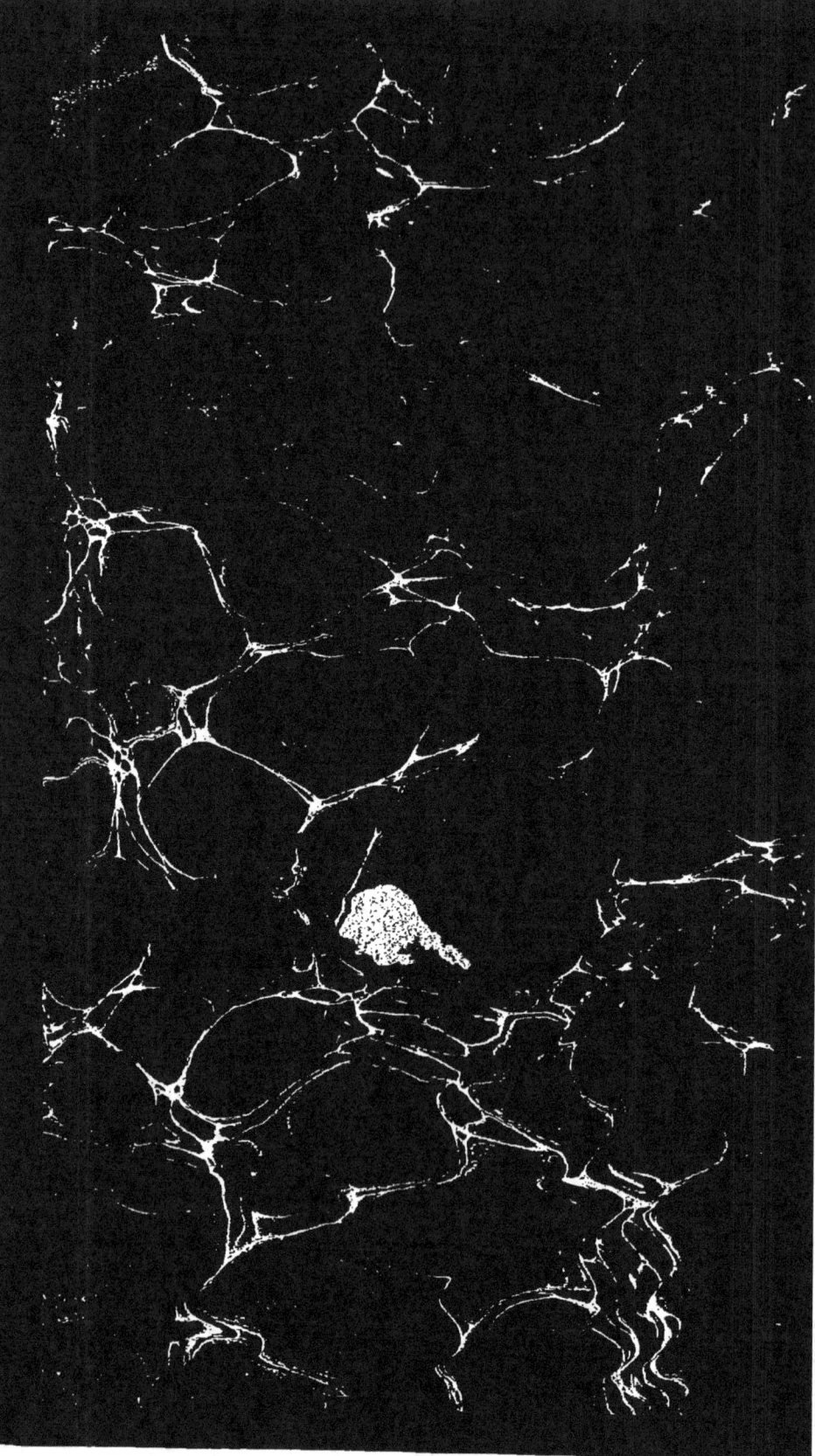

DE LA GARANTIE

ET

DES VICES RÉDHIBITOIRES

DANS LE

COMMERCE DES ANIMAUX.

Imprimerie de madame Ve BOUCHARD-HUZARD,
rue de l'Éperon-Saint-André-des-Arcs, 7.

DE

LA GARANTIE

ET DES

VICES RÉDHIBITOIRES

DANS

LE COMMERCE DES ANIMAUX DOMESTIQUES

D'APRÈS LA LOI DU 20 MAI 1838,

ET

DANS LE COMMERCE DES ANIMAUX DESTINÉS A LA CONSOMMATION ;

nouvelle édition

ENTIÈREMENT REFONDUE, CONSIDÉRABLEMENT AUGMENTÉE ET CONTENANT LE
TEXTE DE TOUS LES JUGEMENTS ET ARRÊTS RENDUS EN CETTE MATIÈRE,
AVEC DES OBSERVATIONS CRITIQUES,

PAR J. B. HUZARD,

médecin vétérinaire, membre de la Société royale et centrale
d'agriculture, de l'Académie royale de médecine,
de la Légion d'honneur, etc.,

ET

ADRIEN HAREL,

avocat à la cour royale de Rouen.

PARIS,

Mme Ve BOUCHARD-HUZARD, LIBRAIRE,
RUE DE L'ÉPERON-SAINT-ANDRÉ-DES-ARCS, 7;

VIDECOQ et fils, rue Soufflot, 3; | THOREL, rue Soufflot, 4;
DURAND, rue des Grès, 3; | JOUBERT, rue des Grès, 14;
COTILLON, rue des Grès, 16; | COSSE et DELAMOTTE, place Dauphine, 26 et 27.

1844.

AVANT-PROPOS.

La médecine vétérinaire n'est pas en aide à la société seulement pour guérir les animaux, elle l'est encore dans les contestations relatives au commerce de ces mêmes animaux, et dans celles provenant de blessures faites par accident ou par méchanceté; enfin elle rend d'imminents services quand il s'agit des précautions à prendre ou à prescrire, lorsque des maladies épizootiques et contagieuses portent la désolation dans les villes et dans les campagnes : la branche qui s'occupe de ces objets est le *Droit vétérinaire* ou la *Médecine légale vétérinaire ;* et elle peut, suivant ces objets, se diviser en quatre sections, sous les dénominations de 1° droit vétérinaire commercial, 2° droit vétérinaire en matière civile, 3° droit vétérinaire en matière de police correctionnelle, et 4° police médicale vétérinaire.

Le droit vétérinaire commercial est ce qui occupe le plus souvent les tribunaux, et c'est de cette partie seule qu'il s'agit dans cet ouvrage : mais, comme *la garantie et les vices rédhibitoires* sont les matières du droit vétérinaire commercial, comme les mots *vices rédhibitoires* sont entrés dans la loi nouvelle qui règle la matière, nous avons cru devoir placer ces mots dans le titre de l'ouvrage (1).

---

(1) On peut consulter, pour les autres branches du droit vétérinaire, l'ouvrage de MM. Toggia et Rodet, intitulé, *Traité analytique de médecine légale vétérinaire*, vol. in-12 ; et *Traité sur la police sanitaire des animaux domestiques*, par M. O. Delafond, professeur à l'école royale d'Alfort ; in-8°. A Paris, chez Mme Ve Bouchard-Huzard.

DE LA GARANTIE

ET

DES VICES RÉDHIBITOIRES

DANS LE

COMMERCE DES ANIMAUX.

CHAPITRE PREMIER.

GÉNÉRALITÉS SUR LA GARANTIE ET LES VICES RÉDHIBITOIRES.

Dans le commerce de toute denrée, le vendeur, qui presque toujours a possédé la marchandise quelque temps avant de s'en défaire, doit en connaître le bon ou le mauvais état; tandis que l'acheteur, qui ne l'a vue qu'un instant, qui quelquefois même l'a achetée sans la voir, sur des écrits ou d'après des promesses, peut être trompé par un vendeur imprévoyant ou de mauvaise foi.

Pour ôter à l'acheteur ces chances d'être trompé, même lorsqu'il a à traiter avec un vendeur de bonne foi, et par suite pour faciliter le commerce en général, le législateur a presque partout et de tout temps imposé au vendeur certaines obligations : ce vendeur a été obligé, par exemple, de garantir à l'acheteur qu'il ne serait point troublé dans la jouissance de la chose vendue, ensuite que la chose vendue n'avait pas certains défauts.

Il s'ensuit que, si l'acheteur est troublé dans la possession de son acquisition, ou s'il reconnaît dans la chose achetée des défauts qui en diminuent notablement la valeur, il a certains droits contre son vendeur. Ce droit de l'acheteur a été appelé *garantie*, et les vices ou défauts que le vendeur est tenu de garantir ont été appelés *vices rédhibitoires*, c'est-à-dire vices qui donnent lieu à la *rédhibition*. Comme l'on sait, ces mots *rédhibition*, *rédhibitoire* viennent du verbe latin *redhibere*, qui signifie rendre le prix d'une chose vendue et la reprendre.

La garantie relative à la possession de la

chose vendue n'a et ne peut avoir de terme; elle existe tant que la possession doit durer. La garantie pour les vices rédhibitoires a toujours eu un temps limité, c'est ce qui forme la *durée de la garantie;* ce temps devait être, en effet, limité, pour que l'acheteur ne pût pas détériorer la chose vendue, et ensuite dire qu'elle était détériorée avant la vente.

Dans le commerce des animaux, plus que dans tout autre, l'acheteur a des chances défavorables à courir sous ce rapport : souvent l'animal qui paraît dans le meilleur état est affecté de vices et de maladies que l'œil de la personne la plus exercée ne peut reconnaître, à moins qu'elle n'ait étudié la médecine vétérinaire : il est même des circonstances où le vétérinaire le plus instruit ne peut juger de suite de l'existence de ces vices ou maladies; enfin quelquefois le vendeur lui-même les ignore et se trompe le premier sur l'état de l'animal : combien donc, à plus forte raison, peut se tromper quelqu'un qui n'est ni vétérinaire ni marchand, et qui achète l'animal parce qu'il en a besoin?

Aussi, tandis que les difficultés, dans les autres branches de commerce, sont le plus ordinairement relatives aux *conditions de la vente*, c'est presque toujours au sujet des *vices rédhibitoires* que s'élèvent des contestations dans le commerce des animaux.

CHAPITRE II.

USAGES ANCIENS QUI AVAIENT FORCE DE LOI RELATIVEMENT AUX VICES RÉDHIBITOIRES DES ANIMAUX DOMESTIQUES ET A LA DURÉE DE LA GARANTIE DE CES VICES, ET MOTIFS DE LA LOI DU 20 MAI 1838.

Avant la promulgation de la loi du 20 mai 1838, l'appréciation des cas qui pouvaient faire admettre l'action rédhibitoire était abandonnée à l'arbitraire des tribunaux par les dispositions générales et vagues des art. 1641 et 1648 du code civil. On était obligé, pour la solution des questions qui se présentaient, de s'en référer aux usages locaux, qui variaient à l'infini. Voici, en quelques mots, l'historique de ces anciens usages.

Chaque province, dont la France se composait autrefois, avait, à l'égard des vices rédhibitoires, une coutume spéciale à elle, bien différente souvent de celle de la province limitrophe; chacune avait *ses vices rédhibitoires particuliers*, déterminés, cependant, d'une manière à peu près invariable : il en résultait que telle maladie qui n'était point vice rédhibitoire dans une province donnait lieu à la rédhibition dans une autre. Dans la Normandie, pour les chevaux, les ânes et les mulets, la *morve*, la *pousse* et la *courbature* étaient rédhibitoires; pour les vaches, la *pommelière* et l'*hydropisie* de poitrine; pour les moutons, le *claveau*. A Cambray, la *morve* et la *pousse* étaient seules dans ce cas à l'égard du cheval; et il paraît qu'il n'y avait pas de vices rédhibitoires pour les autres animaux. A Douai, on y joignait le cheval *rebous* et *felle* de la dent, c'est-à-dire qui mord. Enfin autant il y avait de provinces, autant il y avait de coutumes différentes à cet égard.

La même variation se rencontrait à l'égard de *la durée de la garantie*, qui était dans un lieu bien plus longue, double, même triple de ce qu'elle était dans un autre. Ainsi, dans la Normandie, la garantie, par les anciennes coutumes, était fixée à trente jours pour les chevaux, et à neuf jours seulement pour les vaches et les moutons ; à Cambray et à Douai, elle était de quarante jours ; dans la Bretagne, elle était de quinze jours pour les chevaux comme pour les porcs, elle était de neuf seulement dans l'Ile-de-France.

L'origine de quelques-unes de ces coutumes ou usages se perd dans des siècles reculés, et la tradition est encore le seul signe de leur existence ; quelques-uns se trouvent relatés dans les coutumiers des provinces ; enfin le plus petit nombre doit sa naissance à des actes des parlements (1).

Je citerai ici un motif encore connu de

---

(1) On peut voir, à ce sujet, *Instructions et observations sur les maladies des animaux domestiques*, par MM. Chabert, Flandrin et Huzard, 6 vol. in-8°, Paris ; *Des lois sur la garantie des animaux*, ou *Exposé des cas rédhibitoires*, par P. Chabert et C. M. Fromage, in-8°, Paris, an XII (1804) ; *Tableau synoptique des coutumes suivies dans la plupart des ci-devant provinces de France, à l'égard des cas rédhibitoires des animaux*, par J. B. Gohier.

ceux qui avaient guidé, dans la fixation d'une longue durée de garantie par rapport aux vices rédhibitoires des chevaux : on verra combien ils pouvaient être injustes.

Les marchands qui amenaient des chevaux de selle et de carrosse à Paris étaient tenus, à leur arrivée, avant de vendre aucun animal, et cela sous peine d'amende, de prévenir le grand et le premier écuyer, qui avaient le droit de choisir, avant toute autre personne, les chevaux qui leur paraissaient propres à entrer dans les écuries du roi, celui de les garder et de les essayer pendant trois jours, et ensuite de rendre aux marchands ceux qui ne leur convenaient point ou qu'ils trouvaient attaqués de vices rédhibitoires. (*Ordonnance du roi, du 10 mai 1782, qui renouvelle les lettres patentes du 30 avril 1613 et les règlements des 14 février et 28 mars 1724, à cet égard.*) Le temps de faire la route et ensuite ces formalités demandaient un laps de temps pendant lequel la garantie se serait écoulée, si sa durée n'avait pas été longue; et c'était, en partie, pour conserver aux marchands de

Paris, qui allaient chercher des chevaux dans les provinces, leurs recours en garantie contre le vendeur, que cette durée avait été fixée à trente et même à quarante jours dans quelques-unes de ces provinces.

On comprend combien des coutumes d'origine si ancienne, en supposant même que quelques-unes aient été basées sur les principes de justice qui, à cette époque, pouvaient être les meilleurs, ont dû se trouver en contradiction avec des connaissances, des mœurs, des usages nouveaux. C'est ce qui est arrivé ; et il était difficile de trouver des coutumes ou usages plus incohérents.

Aussi le peu d'accord des jurisprudences adoptées dans les provinces, à cet égard, apportait des entraves au commerce, en lésant, dans beaucoup de circonstances, ou le cultivateur qui élevait les animaux, ou le marchand qui les achetait pour les revendre, ou enfin la personne qui les achetait pour son usage.

1° Par rapport au cultivateur qui élevait les animaux.

La durée de la garantie était beaucoup trop longue dans quelques provinces. Par exemple, dans la Normandie, ainsi que nous l'avons déjà dit, la durée de la garantie, pour les chevaux, était de trente jours à l'égard de la morve, de la pousse et de la courbature (1) : or il est de fait qu'un cheval peut devenir poussif, morveux même, dans cet espace de temps, et le vendeur se trouver garant d'un vice qui a pris naissance après la vente. — Le pissement de sang chez le gros bétail, dans l'Armagnac, aujourd'hui le département du Gers, était garanti quarante jours : or, pendant ce temps, plusieurs causes, particulièrement un mauvais régime de quelques jours, peuvent donner lieu à cet accident.

Dans le Languedoc, outre la morve et la pousse, garanties pendant quarante jours chez les chevaux, la pourriture, dans le mouton, était aussi garantie le même espace de

---

(1) Voyez, plus loin, les articles qui traitent de ces vices.

temps : on sait à présent qu'un mauvais régime pourrait, sur des animaux prédisposés, développer cette maladie, sur une partie des animaux d'un troupeau, pendant la durée de cette garantie, tandis qu'un régime convenable la préviendrait certainement. Eh bien, la durée de la garantie, pour cette même maladie des moutons, était de trois mois dans la Provence. Cette même maladie, dans le gros bétail, appelée *autée* dans le Bigorre, était garantie quatre mois dans cette province. Pendant cet espace de temps, l'acheteur pouvait, par sa faute, mettre tous les animaux achetés dans le cas de périr et s'en faire rendre ensuite la valeur par le vendeur. Dans la Franche-Comté, l'étranguillon ou esquinancie, qui est une maladie aiguë, d'une date très-récente, était garanti pendant quarante jours : pendant cette durée de la garantie, un mauvais régime, et surtout une étable mal aérée et humide, pouvaient causer la maladie, et par suite la mort, aux risques et périls du vendeur.

Parmi tous les dénis de justice auxquels

ces usages pouvaient donner lieu, nous citerons le suivant, qui nous a été particulièrement signalé.

Un nourrisseur de Normandie avait vendu à un marchand un bon cheval de cinq ans; il fut fort étonné, après plus de vingt jours de vente, d'être appelé en résiliation du marché pour cause de la *pousse*, dont son cheval était attaqué, disait le marchand : il se rend à la visite du vétérinaire commis pour constater l'état de l'animal, qu'il trouve en assez bon état, avec appétit, et néanmoins avec le mouvement du flanc d'un cheval poussif. Le vétérinaire juge le cheval attaqué de la pousse, et le cultivateur, pour éviter des frais, reprend l'animal et en rend le prix. Étonné cependant de voir poussif assez fortement un cheval qui avait toujours été bon chez lui, il fait prendre des renseignements, et il apprend qu'à la suite d'une course forcée au cabriolet, quelques jours après l'achat, l'animal avait eu *une forte courbature* (probablement une affection inflammatoire de la poitrine); que cette courbature avait cédé, en trois ou quatre jours, à un traitement d'un vétérinaire, mais que le cheval était resté avec le mouvement respiratoire d'un cheval poussif. Malheureusement le nourrisseur avait repris le cheval et terminé l'affaire.

2° Relativement au marchand qui achetait les animaux pour les revendre.

La diversité des vices rédhibitoires dans les provinces n'était pas un moindre inconvénient : ainsi un marchand de chevaux achetait à Cambray un cheval affecté de cornage (1); il ne s'apercevait point de l'affection; il venait revendre l'animal à Paris. Le Parisien acheteur, en l'essayant plus fortement, s'apercevait du vice, et il forçait son vendeur à reprendre la bête, parce que le cornage était vice rédhibitoire à Paris; mais, comme le cornage n'était pas un vice rédhibitoire à Cambray, le marchand se trouvait chargé d'un animal de nulle valeur, qu'il était forcé, s'il ne voulait pas éprouver de perte, d'aller

---

(1) Voyez, plus loin, l'article qui traite de ce vice.

revendre dans le pays où il l'avait acheté, et cela en trompant comme il avait été trompé lui-même.

Un marchand achetait un cheval à Caen ou à Mortagne, il le mettait en route pour Paris et le vendait dans cette ville; l'acheteur s'apercevait que l'animal était atteint de l'*immobilité* (1), vice rédhibitoire à Paris; il forçait le vendeur à reprendre l'animal; mais, comme l'affection n'était pas vice rédhibitoire en Normandie, le marchand se trouvait forcé de faire revendre l'animal dans quelque pays où l'immobilité n'était pas vice rédhibitoire, en trompant comme il avait été trompé lui-même, ou bien en perdant non seulement le bénéfice qu'il espérait, mais encore une partie du prix qu'il avait payé l'animal.

Quelquefois les marchands de chevaux de Paris ont été condamnés à Paris à reprendre des chevaux immobiles qu'ils avaient achetés en Normandie, et condamnés en Normandie

---

(1) Voyez, plus loin, l'article qui traite de ce vice.

à garder ces chevaux, parce que l'immobilité n'était pas vice rédhibitoire en Normandie.

Le défaut d'uniformité dans ces usages était, comme on le voit, une occasion de pertes et de fraudes pour les marchands de chevaux, qui, dans un marché public, n'ont souvent pas le moyen d'examiner à fond les animaux qu'ils acquièrent.

3° Relativement à la personne qui achetait l'animal pour son service.

L'inconvénient de ces anciens usages était de ne pas garantir l'acheteur contre la mauvaise foi du vendeur, autant que les progrès récents de la médecine vétérinaire permettent de le faire.

Ainsi, dans les lieux où la phthisie pulmonaire n'était point vice rédhibitoire, on pouvait vendre impunément tout animal attaqué de cette maladie mortelle, qui le rend de nulle valeur, sans que l'acheteur pût revenir sur le marché. Ainsi, dans tous les lieux où les boiteries de vieux mal intermittentes, qui rendent souvent les chevaux presque de nulle valeur, n'étaient point rédhibitoires, l'acheteur pouvait être impunément trompé par un vendeur de mauvaise foi. Ainsi, partout où le cornage et l'immobilité, affections qui rendent les animaux sans valeur, n'étaient point rédhibitoires, tant pis pour l'acheteur qui avait acquis un cheval atteint de l'une ou de l'autre de ces défectuosités.

Ainsi des bêtes à laine sortant d'un troupeau claveleux et attaquées, d'une manière encore latente, de cette maladie éminemment contagieuse, pouvaient être vendues dans tout lieu où cette maladie n'était point rédhibitoire.

4° Par rapport à tous.

Enfin encore un autre inconvénient non moins grave se faisait sentir dans ces coutumes et usages anciens : la médecine vétérinaire n'étant pas encore aussi avancée qu'elle l'est maintenant, des maladies bien différentes étaient désignées par le même nom, et des noms différents assignés à la même maladie, en sorte que souvent il n'y avait pas moyen de s'entendre. En effet, il arrivait que, de deux experts nommés pour constater la maladie d'un animal, l'un donnait à l'affection le nom d'un vice rédhibitoire, tandis que l'autre donnait le nom d'une maladie non regardée comme telle.

Il arrivait encore souvent qu'on donnait un nom de vice rédhibitoire, celui de *courbature*, par exemple, à diverses maladies aiguës inflammatoires, que l'on sait maintenant pouvoir se développer en très-peu de temps par des causes tout à fait indépendantes du vendeur.

Il y avait même des noms de vices rédhibitoires qui avaient été employés si momentanément, qu'on ne savait quelle maladie ou quel défaut ils avaient désigné : tels étaient ceux de *fait* à l'égard du gros bétail, de *pian* et de *tat* à l'égard du porc, de *corbe* à l'égard des chevaux.

Ces coutumes ou usages étaient donc non-seulement insuffisants sous tous les rapports, mais, le plus souvent encore, en contradiction avec ce qui est juste, soit par rapport aux vices rédhibitoires, soit par rapport à la durée de la garantie.

C'est pour faire cesser les abus qui résultaient de la diversité de ces usages qu'a été faite la loi du 20 mai 1838.

Nous croyons utile de rapporter ici quelques fragments de l'exposé des motifs de cette loi, présenté par M. le ministre du commerce.

« Le code civil, a dit M. le ministre, en posant, dans l'art. 1625, le principe de la garantie du vendeur à l'égard de l'acquéreur, signale entre autres, comme donnant lieu à la garantie, *les défauts cachés de la chose vendue*, ou *les vices rédhibitoires* ; et, dans son art. 1641, il ajoute que les défauts cachés qui donnent ouverture à l'action en garantie sont ceux « qui rendent la chose vendue impropre à l'usage auquel on la destine ou qui diminuent tellement cet usage, que l'acheteur ne l'aurait pas acquise, ou n'en aurait donné qu'un moindre prix, s'il les avait connus. »

« Enfin l'art. 1648 déclare que « l'action résultant des vices rédhibitoires doit être intentée par l'acquéreur dans un bref délai, suivant la nature des vices rédhibitoires et l'usage des lieux où la vente a été faite. »

« Le code ne spécifie donc, dans les articles précités, ni les défauts cachés, qui, dans le commerce des animaux domestiques, peuvent entraîner une action en garantie, ni les délais dans lesquels cette action doit être intentée.

« Aussi ses dispositions incomplètes font-elles naître de nombreuses contestations judiciaires. Les tribunaux civils et les tribunaux de commerce sont divisés sur leur application.

« Les uns décident que l'art. 1641 doit être exécuté dans sa généralité, nonobstant la nature des vices, la différence des délais et la diversité des usages locaux; les autres jugent, au contraire, que le principe général de l'art. 1641 est modifié par les dispositions plus restrictives de l'art. 1648. Enfin ils ne s'accordent point sur l'interprétation que doit recevoir ce dernier article, ni sur la question de savoir s'il se réfère à l'usage des lieux seulement pour la fixation des délais, ou s'il y renvoie également pour déterminer quels sont les vices rédhibitoires.

« Un autre inconvénient, c'est que, parmi ces vices, dont il est souvent si difficile d'apprécier les caractères, il en est qui, dans certaines localités, sont considérés comme rédhibitoires, et qui, dans d'autres, n'entraînent aucun recours.

« La durée de la garantie n'est pas moins variable que la nature des vices; elle se modifie suivant les départements, quelquefois aussi suivant les coutumes limitrophes. La diversité des usages locaux qui régissent les contrats de vente de cette nature donne donc sans cesse lieu à des doutes sur l'étendue qu'ils peuvent avoir ou la sécurité qu'ils peuvent offrir.

« On ne peut méconnaître que la législation actuelle ne favorise, par l'incertitude de ces dispositions, la fraude et la mauvaise foi, qu'elle n'apporte ainsi des entraves aux relations commerciales, et que, en abandonnant aux tribunaux l'appréciation de circonstances aussi diverses, elle ne leur laisse une trop grande latitude pour leurs décisions, et ne substitue souvent l'arbitraire aux principes fixes et invariables qui devraient leur servir de règle.

« C'est pour remédier aux abus qui résultent de cet état de choses que le gouvernement a reconnu la nécessité de préparer un projet de loi sur une matière qui intéresse à un si haut degré le commerce et l'agriculture. Nous avons l'honneur de soumettre ce projet à vos délibérations.

« Il a pour objet d'établir une législation uniforme sur la matière, d'énumérer les vices cachés à l'égard desquels l'acheteur doit être garanti par le vendeur, et de fixer les délais dans lesquels ce dernier peut exercer son action, en proportionnant toutefois leur durée à la nature des vices.

« L'uniformité de la législation se trouve surtout consacrée par les art. 1 et 2 du projet.

« En admettant le principe de la garantie, reconnu par l'art. 1641 du code civil, ils disposent que l'action qui en résulte ne sera plus intentée que pour les mêmes vices et dans les mêmes délais, sans distinction des lieux où les ventes auront eu lieu.

« L'art. 1ᵉʳ contient la nomenclature des vices réputés rédhibitoires, et détermine quels sont les animaux dont la vente peut entraîner la garantie..... »

« Les tribunaux n'auront donc plus, a dit M. Lherbette, dans son rapport à la chambre des députés, afin d'admettre ou de rejeter une action rédhibitoire, à examiner l'apparence, la gravité, l'incurabilité, la fréquence, l'incubation et les effets du vice allégué, tous sujets de questions délicates et ardues ; mais ils auront seulement à décider si ce vice est ou non compris dans la nomenclature de la loi, et si l'action a été intentée dans les délais légaux, seules et simples questions que le législateur a entendu leur laisser le soin de résoudre. »

Voici maintenant le texte de la loi du 20 mai 1838.

CHAPITRE III.

LOI

CONCERNANT LES VICES RÉDHIBITOIRES DANS LES VENTES ET ÉCHANGES D'ANIMAUX DOMESTIQUES.

Au palais des Tuileries, le 20 mai 1838.

LOUIS-PHILIPPE, etc.

ARTICLE 1er.

Sont réputés vices rédhibitoires et donneront seuls ouverture à l'action résultant de l'article 1641 du code civil, dans les ventes ou échanges des animaux domestiques ci-dessous dénommés, sans distinction des localités où les ventes et échanges auront lieu, les maladies ou défauts ci-après, savoir:

Pour le cheval, l'âne ou le mulet.

La fluxion périodique des yeux,
L'épilepsie ou le mal caduc,
La morve,
Le farcin,
Les maladies anciennes de poitrine ou vieilles courbatures,
L'immobilité,
La pousse,
Le cornage chronique,
Le tic sans usure des dents,
Les hernies inguinales intermittentes,
La boiterie intermittente pour cause de vieux mal.

Pour l'espèce bovine.

La phthisie pulmonaire ou pommelière,
L'épilepsie ou mal caduc,
Les suites de la non-délivrance.
Le renversement du vagin ou de l'utérus. . . . . } après le part chez le vendeur.

Pour l'espèce ovine.

La clavelée : — *cette maladie, reconnue chez un seul animal, entraînera la rédhibition de tout le troupeau.* — *La rédhibition n'aura lieu que si le troupeau porte la marque du vendeur.*

Le sang-de-rate : — *cette maladie n'entraînera la rédhibition du troupeau qu'autant que, dans le délai de la garantie, la perte constatée s'élèvera au quinzième au moins des animaux achetés.* — *Dans ce dernier cas, la rédhibition n'aura lieu également que si le troupeau porte la marque du vendeur.*

ART. 2.

L'action en réduction du prix, autorisée par l'article 1644 du code civil, ne pourra être exercée dans les ventes et échanges d'animaux énoncés dans l'article 1ᵉʳ ci-dessus.

ART. 3.

Le délai pour intenter l'action rédhibitoire

sera, non compris le jour fixé pour la livraison,

De trente jours pour le cas de fluxion périodique des yeux et d'épilepsie ou mal caduc,

De neuf jours pour tous les autres cas.

ART. 4.

Si la livraison de l'animal a été effectuée ou s'il a été conduit, dans les délais ci-dessus, hors du lieu du domicile du vendeur, les délais seront augmentés d'un jour par cinq myriamètres de distance du domicile du vendeur au lieu où l'animal se trouve.

ART. 5.

Dans tous les cas, l'acheteur, à peine d'être non recevable, sera tenu de provoquer, dans les délais de l'article 3, la nomination d'experts chargés de dresser procès-verbal; la requête sera présentée au juge de paix du lieu où se trouvera l'animal.

Ce juge nommera immédiatement, suivant l'exigence des cas, un ou trois experts, qui devront opérer dans le plus bref délai.

ART. 6.

La demande sera dispensée du préliminaire de conciliation, et l'affaire instruite et jugée comme matière sommaire.

ART. 7.

Si, pendant la durée des délais fixés par l'article 3, l'animal vient à périr, le vendeur ne sera pas tenu de la garantie, à moins que l'acheteur ne prouve que la perte de l'animal provient de l'une des maladies spécifiées dans l'article 1er.

ART. 8.

Le vendeur sera dispensé de la garantie résultant de la morve et du farcin pour le cheval, l'âne ou le mulet, et de la clavelée pour l'espèce ovine, s'il prouve que l'animal, depuis la livraison, a été mis en contact avec des animaux atteints de ces maladies.

La présente loi, discutée, délibérée et adoptée par la chambre des pairs et par celle des députés, et sanctionnée par nous cejourd'hui, sera exécutée comme loi de l'État.

Fait au palais des Tuileries, le 20ᵉ jour du mois de mai, l'an 1838.

     Signé LOUIS-PHILIPPE.

    Par le roi :

     Signé BARTHE.

     Signé N. MARTIN (du Nord).

CHAPITRE IV.

DES DÉFAUTS ET DES MALADIES RÉDHIBITOIRES DES ANIMAUX DOMESTIQUES, D'APRÈS LA LOI DU 20 MAI 1838, ET DES PRÉCAUTIONS A PRENDRE DANS L'EXAMEN DES ANIMAUX QU'ON SOUPÇONNE ATTAQUÉS DE CES VICES.

PARAGRAPHE PREMIER.

VICES RÉDHIBITOIRES DU CHEVAL, DE L'ANE ET DU MULET.

Fluxion périodique des yeux.

Dans les commencements, une attaque ou un accès de fluxion périodique ressemble souvent à une simple ophthalmie ; l'énumération des symptômes qui la caractérisent nous donnera cependant quelques moyens de la distinguer de celle-ci.

Une attaque ou un accès de fluxion périodique a, dans les commencements de la maladie, trois périodes assez distinctes. Dans la *première*, l'œil semble atteint d'une ophthalmie ordinaire un peu forte : il y a larmoiement, rougeur de la conjonctive, tuméfaction des paupières, sensibilité et chaleur plus marquées des parties environnant l'œil; celui-ci reste presque constamment demi-fermé. Dans la *deuxième période*, l'inflammation paraît diminuer un peu d'intensité; les symptômes qui la caractérisent se dissipent; l'humeur aqueuse, qui était trouble et qui rendait la vision obtuse, reprend sa transparence : une espèce de nuage blanchâtre se condense dans la partie inférieure, quelquefois passe à travers la pupille, et communique dans la chambre postérieure. Dans la *troisième période*, l'œil redevient malade; le nuage disparaît, se fond dans l'humeur aqueuse, qui perd de nouveau sa limpidité; mais, après cette espèce de crise, l'humeur aqueuse redevient claire et l'œil reprend ses facultés primitives.

L'accès n'a pas toujours cette marche régulière, et ses trois périodes se confondent parfois en une seule; ce qui fait ressembler davantage encore la fluxion périodique à une simple ophthalmie. Nous devons dire que c'est même souvent le cas, et qu'il ne faut pas en général compter sur la régularité des trois périodes que nous avons signalées.

A mesure que les accès se renouvellent, le cristallin perd un peu de sa transparence; il devient terne, blanchâtre, et enfin met obstacle au passage de la lumière. Dans les commencements, il n'y a qu'un œil affecté; mais, quand la maladie a déjà sévi plusieurs fois, les deux yeux le sont souvent en même temps, mais l'un plus que l'autre; ils se perdent aussi presque toujours l'un après l'autre.

On pense bien que la maladie est vice rédhibitoire seulement quand elle n'a pas détérioré assez les organes pour que la lésion ait pu être apercevable au moment de la vente; sans cela, elle ne rentrerait pas dans le cas prévu par l'article 1641 du code civil.

C'est aussi ce qui rend la visite de l'expert assez difficile.

Comme elle n'attaque presque toujours qu'un œil, comme elle ressemble à une ophthalmie, et comme aussi le marchand ne manque jamais de dire que c'est une simple ophthalmie, et de l'attribuer à un coup, à un corps étranger introduit dans l'œil, à un courant d'air froid, etc., le vétérinaire peut être dans l'incertitude. Il reconnaîtra cependant la fluxion périodique à quelques symptômes qui sont plus particuliers à cette affection : les paupières sont plus tuméfiées, plus grosses que dans une simple ophthalmie; l'humeur des chambres est plus trouble; la vision est plus obtuse; *l'animal est, en général, plus triste; tout l'organisme paraît être malade*, tandis que, dans une ophthalmie, qui n'est le plus souvent qu'une affection locale, à moins qu'elle soit intense, et par conséquent due à une cause qui a été très-puissante, souvent l'œil seul est malade, et l'animal n'a rien perdu de sa gaieté et de ses habitudes : on remarque quelquefois, autour de l'œil affecté, des plaies où le poil a été enlevé à la suite de contusions ; la peau est épilée à l'angle interne de l'œil, là où les larmes ont coulé ; en regardant attentivement le cristallin dans un jour convenable, on y voit une teinte louche ou commencement d'opacité : tout cela indique que l'organe a déjà été privé de la vue. C'est surtout lors de la *seconde période* de l'accès qu'on peut facilement distinguer l'affection au nuage blanchâtre qu'on voit flotter d'abord dans la chambre antérieure, et qui se précipite ensuite à la partie inférieure. La *troisième période*, ou celle de terminaison, fournira encore de bons moyens de distinction : dans l'ophthalmie, l'humeur qui s'échappe de l'œil devient moins liquide, plus blanchâtre, plus adhérente aux paupières; l'humeur aqueuse n'est point troublée par le nuage dont je viens de parler. Dans la fluxion périodique, au contraire, l'humeur qui s'écoule de l'œil reste de même nature, limpide, séreuse ; mais le nuage qui s'était formé pendant la seconde période disparaît, et en même temps l'humeur aqueuse se trouble de nouveau, puis l'œil revient, après cette dernière crise, à son état naturel, en paraissant souvent rester plus petit que l'autre. L'expert devra donc, s'il ne peut, dans un premier examen, juger l'affection, répéter ses visites pendant tout le temps que l'accès durera, afin d'en suivre exactement la marche.

Si, malgré cette précaution, l'accès se terminait en laissant quelques doutes dans l'esprit de l'expert, il pourrait remettre à se prononcer après un laps de temps plus ou moins considérable. Il n'oubliera pas cependant que la demande de mise en fourrière de l'animal est un expédient qui prolonge l'affaire, et qui augmente considérablement les frais, ce qu'il doit éviter autant que possible.

Si l'acquéreur avait eu des preuves postérieurement à son marché, que des accès de fluxion périodique eussent déjà sévi sur les yeux, et qu'il s'offrît de les donner, l'expert saura qu'il n'est pas maître de se guider d'après ces preuves, qu'il ne peut que consigner dans son procès-verbal les dires de l'acheteur, que c'est au tribunal à en juger la valeur et à décider s'il doit les admettre : elles pourront, néanmoins, bien éclairer l'expert.

Le vétérinaire ne saurait trop prendre de précautions dans l'examen d'un cheval accusé d'être lunatique. Au commencement de 1823, un fort beau cheval de selle, vendu par le sieur *Crémieux*, marchand de chevaux à Paris, donna sujet à une contestation de ce genre. Un œil devint malade dans une des premières nuits qui suivirent la vente, et l'acheteur, l'ayant fait visiter par son vétérinaire, fut conseillé par lui de se mettre en mesure de faire reprendre le cheval pour cause de fluxion périodique. Je fus nommé pour faire cette visite : l'animal était très-doux, on pouvait toucher et voir l'œil malade ; je ne trouvai aucune marque de lésion récente ; les paupières étaient gonflées, douloureuses, chaudes ; l'œil larmoyant paraissait plus petit ; la conjonctive était très-enflammée ; cependant l'humeur aqueuse avait conservé toute sa transparence, et j'étais dans le doute, lorsqu'en visitant l'œil pour la troisième ou quatrième fois peut-être, et après quelques instants de repos, la troisième paupière, ou membrane clignotante, amena sur la cornée lucide une partie de l'épi d'une petite graminée; l'autre partie restait engagée sous la troisième paupière. Ce corps étranger ne put être retiré de l'œil que le lendemain ; et, quelques jours après, l'organe était aussi sain qu'auparavant.

Il est des vendeurs qui pourraient croire que, si le cheval a déjà perdu un œil, ou que si un des yeux est malade au moment de la vente, l'acheteur n'est plus dans son droit, et que cet acheteur se trouve dans le cas prévu par l'article 1642 du code civil. Comme la loi nouvelle ne s'explique point à l'égard du principe contenu dans cet article 1642, comme, au contraire, elle dit, d'une manière positive, que tous les vices qu'elle dénomme seront rédhibitoires d'après le principe de l'article 1641, le vendeur peut être condamné à reprendre le cheval dans le cas dont nous venons de parler ; c'est à lui, s'il ne veut pas courir cette chance, à vendre le cheval sans garantie.

Epilepsie.

Cette maladie, dont la nature et le siège dans les animaux ne sont pas encore bien connus, se manifeste par accès, qui sont, en général, d'autant moins fréquents, moins intenses, moins longs, et qui laissent d'autant moins de traces dans les intervalles, que l'affection est plus récente.

Les animaux qui paraissent en bonne santé deviennent presque tout à coup souffrants : s'ils sont en marche, ils s'arrêtent, ils sont comme étourdis; la respiration devient laborieuse, très-irrégulière; la circulation éprouve les mêmes aberrations : les animaux perdent l'usage des sens; ils éprouvent des convulsions; ils tombent le plus ordinairement; quelquefois, cependant, ils restent debout en s'appuyant contre les corps environnants; quelques-uns poussent des râlements; ils écument; le globe de l'œil est agité dans l'orbite. Après un temps plus ou moins prolongé, le calme se rétablit, les sens reviennent à leur premier état; mais l'animal reste souffrant d'autant plus longtemps que l'accès a été plus long et plus violent. Peu à peu ces accès se rapprochent, augmentent d'intensité, et l'animal meurt.

Une attaque d'épilepsie se manifestant ordinairement tout à coup, et se terminant quelquefois, dans les commencements de la maladie surtout, dans un temps très-court, l'acheteur ne pourra pas parfois, avant la cessation de l'accès, faire constater l'accident *d'une manière légale* (voyez chap. V, § 3). Il doit alors prendre des témoins de ce qui se passe, et, s'il est possible, en faire dresser procès-verbal immédiatement chez le juge de paix, chez le maire, chez le commissaire de police, chez un huissier même : il intente alors *en même temps* une action contre son vendeur avec beaucoup plus de chances de réussite.

Si cette précaution n'avait point été, ou n'avait pu être prise, il arriverait que l'expert nommé pour constater l'état de l'animal n'aurait aucune *base* pour juger la nature de la maladie. La précaution de s'assurer des témoins de l'accident doit donc toujours être prise de la part de l'acheteur, qui, dans l'action qu'il intente, demande alors que les témoins soient entendus, et que le procès-verbal de l'accident serve de renseignements.

Quant au vétérinaire qui pourra être nommé pour constater l'état de l'animal, s'il arrive à temps pour reconnaître l'affection, il ne sera pas embarrassé ; mais, s'il arrive trop tard, il devra rédiger son procès-verbal de manière à indiquer au juge toutes les raisons qui lui font présumer que la maladie est ou n'est pas un accident d'épilepsie. La manière dont sera rédigée l'ordonnance qui le commettra pour constater l'état de l'animal lui servira de guide ; et, tout en se bornant à ce qui lui sera prescrit de faire, il ne négligera aucun des moyens qu'il reconnaîtra bons pour éclairer le juge.

Des personnes ont pensé que, lorsque l'expert n'avait point été témoin de l'accès d'épilepsie, il devait demander que l'animal fût mis en fourrière sous sa surveillance pendant un certain temps, et que lui, expert, devait se prononcer, après ce temps seulement, dans un sens ou dans un autre, sur l'existence de la maladie s'il avait été témoin d'un accès, ou sur la non-existence s'il n'avait pas vu un de ces accès.

Selon nous, autant vaudrait ôter l'épilepsie du nombre des vices rédhibitoires. Déjà le court terme de la garantie fera que rarement cheval épileptique aura un accès dans cet espace de temps : mais, si, de plus, il faut que l'expert voie un accès se produire devant lui pour qu'il dise que le cheval est épileptique, il est probable qu'il ne se trouvera que très-rarement dans cette position. En effet, si le législateur n'a donné que neuf jours de garantie pour l'épilepsie, l'expert ne peut demander un plus long temps pour prononcer son jugement. Or il est très-probable, sinon presque certain, que l'animal n'aura point d'accès d'épilepsie dans ce temps.

Il résulte évidemment de cette courte discussion que la constatation du vice en est très-difficile, et que l'expert peut être embarrassé. Quant à nous, nous pensons qu'il doit agir de la manière suivante. S'il y a des témoins de l'attaque de l'épilepsie, il doit les interroger, et recueillir leur déclaration ; son interrogation doit porter principalement sur les symptômes qui se sont manifestés lorsque l'animal a eu l'accès. — Comme les signes d'une attaque d'épilepsie sont faciles à reconnaître, comme ils ne se confondent et ne peuvent se confondre avec ceux d'une autre maladie, il est impossible que, en écoutant les réponses des personnes qui ont vu l'accès, l'expert ne se fasse pas une opinion positive à cet égard.

Si la véracité, si l'indépendance des témoins lui paraissaient douteuses, ses conclusions s'en ressentiraient nécessairement, et, quand, après cette espèce d'enquête et après avoir relaté au long toutes les précautions qu'il a prises, il viendrait dire au tribunal : — *Je ne suis pas certain que l'animal ait eu une attaque d'épilepsie*, ou bien *Tout me porte à croire que l'animal est épileptique*, je crois que, dans le cas de la dernière conclusion, le tribunal, s'il a confiance dans l'expert, n'hésitera pas à prononcer la résiliation. — Nous ne pouvons préjuger ce qu'il ordonnera dans le premier cas.

Les symptômes de l'épilepsie sont si distincts, si faciles à reconnaître, que, dans une affaire plaidée devant le tribunal de commerce de Paris, en 1834 (le marquis d'Anjoran contre Picard), Me Gibert, qui défendait Picard, vendeur du cheval, n'a pas dit que le procès-verbal de l'audition des témoins de l'accès épileptique ne suffisait pas pour constater un véritable accès épileptique. Il a défendu son client en disant que le procès-verbal du maire n'était pas une preuve suffisante que la maladie se fût déclarée dans les neuf jours, et, en outre, que l'épilepsie ne constituait pas un vice rhédibitoire : la plaidoirie n'a donc pas eu lieu sur la validité du procès-verbal, comme ne constatant pas suffisamment un accès d'épilepsie. L'acheteur a gagné sa cause.

Morve.

Que la morve soit une affection locale des cavités nasales, qu'elle soit un des symptômes d'une lésion du système lymphatique, qu'elle soit même une des suites ou un des symptômes de l'affection tuberculeuse, qu'il y ait plusieurs espèces de morves, de contagieuses et de non contagieuses, il n'est malheureusement que trop certain que l'animal qui présente la série des symptômes ainsi dénommés est sans aucune valeur, puisque, jusqu'à présent, on n'a point de moyen sûr de guérison, et puisqu'on doit éloigner cet animal des autres, tant qu'il ne sera pas prouvé qu'il n'y a pas de contagion à craindre.

L'animal affecté peut paraître jouir d'une bonne santé; il peut même être quelquefois en état d'embonpoint, et le symptôme le plus apparent est un jetage de matières puriformes par un ou par les deux naseaux : or rien n'est plus facile à faire disparaître au moment de la vente; et bien rarement un cheval a été vendu avec les naseaux salis de pus. Ajoutons que le flux de pus par les naseaux cesse souvent momentanément, pour reparaître ensuite; qu'on parvient même, par des remèdes, à le suspendre pour un temps; enfin que ce flux de pus ressemble quelquefois momentanément à celui qui se déclare à la suite de l'invasion d'une maladie récente peu dangereuse, à celui, par exemple, d'un catarrhe nasal ou trachéal aigu.

Les autres signes sont l'engorgement des glandes lymphatiques situées dans l'auge, et l'apparition d'ulcères chancreux sur la membrane interne du nez; mais il faut être vétérinaire pour connaître ces signes : de plus, si l'acheteur manifeste la plus légère crainte, il est de suite rassuré par le marchand, qui garantit verbalement l'animal de la morve.

D'un autre côté, si l'on fait attention que la morve a été regardée jusqu'à présent comme contagieuse, qu'il y a des expériences et des faits qui paraissent prouver cette contagion, que l'opinion contraire n'est pas encore générale, et que la morve a été désignée spécialement dans l'arrêt du conseil d'État du roi du 16 juillet 1784, on sera d'accord qu'aucune maladie n'est, à plus juste titre, rangée parmi les vices rédhibitoires (1).

Quand les lésions sont bien caractérisées, l'expert n'a pas de peine à juger et à pronon-

---

(1) A l'égard de cette affection, on peut consulter : *Instruction sur les moyens de s'assurer de l'existence de la morve, etc.*; par Chabert et J. B. Huzard : 4e édition, an V (1797); — *Mémoires et observations sur la chirurgie et la médecine vétérinaires*, par J. B. Gohier : 2 vol. in-8°, 1813, tome 1er, page 195; — *De l'affection tuberculeuse vulgairement appelée morve, pulmonie, gourme, etc.*, par M. Dupuis : in-8°, Paris, 1821; — *Instruction sur les soins à donner aux chevaux pour les conserver en santé et remédier aux accidents qui pourraient leur survenir. — La morve est-elle contagieuse? non*, par M. A. Louchard : in-8°, Paris, 1825; — *Dictionnaire de médecine et de chirurgie vétérinaires*, par M. Hurtrel d'Arboval : 4 vol. in-8°; — un *Mémoire sur la morve*, par M. Delafond, professeur à l'école royale vétérinaire d'Alfort.

(Tous ces ouvrages se trouvent chez Mme Ve Bouchard-Huzard.)

cer ; mais il n'en est pas toujours ainsi. L'animal peut jeter par les naseaux ; il peut avoir les glandes et les tissus qui sont dans l'auge engorgés, douloureux, et l'acheteur, qui a eu peur de ces symptômes, peut s'être mis en mesure de faire reprendre l'animal, sans qu'il y ait certitude ni même probabilité, pour l'homme instruit, que l'animal soit morveux. Il peut arriver aussi, comme je viens de le dire, que les symptômes de la morve soient remplacés momentanément par ceux d'une maladie aiguë, ou que la morve ait momentanément pris les caractères d'une maladie de cette nature. L'expert, qui sait tout cela, ne se dépêchera pas de conclure ; il demandera que l'animal soit traité convenablement pendant une quinzaine de jours. Dans cet espace de temps, la maladie, si c'est un simple catarrhe, se passera ; si elle ne faisait que masquer une autre affection, si elle était un épiphénomène, elle prendra un autre caractère, et le vétérinaire pourra prononcer. Il est rare que l'animal, après ce délai, ne soit pas ou guéri, ou décidément morveux. Dans le cas, cependant, où la maladie ne serait pas encore bien caractérisée, il y a certitude que c'est la morve, dont les signes extérieurs sont souvent insidieux.

Depuis la première édition de cet ouvrage, on nous a fait observer que, dans ce qui précède, il ne paraît pas être question de la morve aiguë; et l'on nous a demandé si la morve aiguë était vice rédhibitoire. Il ne peut y avoir aucun doute à cet égard. La loi n'en dit rien, il est vrai; mais d'abord, puisqu'elle n'a fait aucune distinction et qu'elle a dit que la morve des chevaux serait rédhibitoire, il est certain qu'elle a entendu par là tout ce que la science vétérinaire appelait morve; celle dite chronique, comme celle dite aiguë. Mais, quand on se reporte aux motifs, la moindre trace d'incertitude doit disparaître; ce qu'elle a mis dans le nombre des vices rédhibitoires, c'est, en effet, une maladie qui ôte toute valeur à l'animal, qui, comme morve chronique, est regardée, par le plus grand nombre, comme contagieuse, qui, comme morve aiguë, est éminemment contagieuse. Enfin c'est une maladie dont le principe peut néanmoins être caché aux yeux de l'acheteur. Or, dans la morve aiguë comme dans toutes les maladies qui revêtent ce type, il y a un temps où la maladie existe déjà, quoiqu'elle ne soit pas encore apparente. Ce temps est variable, il est vrai, mais il est plus que suffisant pour que la maladie puisse être tout à fait cachée au moment de la vente; il est d'ailleurs certain que, lorsqu'une pareille affection se montre avec tout son appareil de symptômes destructeurs, l'organisme était malade déjà depuis longtemps, et sans, pour cela, que des yeux peu exercés aient pu soupçonner l'état de souffrance de l'animal.

Par rapport à l'expert nommé pour constater la nature de l'affection, peut-il se trouver embarrassé pour bien diagnostiquer la maladie? Cela peut arriver quelquefois; heureusement que ces cas sont rares, et qu'il y a un moyen facile de sortir d'embarras. La morve aiguë est presque toujours mortelle, et assez rapidement mortelle; si donc l'expert ne se presse pas de juger, la maladie se terminera promptement par la mort ou se convertira en morve chronique, si c'est bien la morve. Si c'est, au contraire, une tout autre maladie, elle guérira ou fera périr l'animal, et le vétérinaire, au moyen de l'autopsie, portera un jugement certain. Il est d'ailleurs dans le cheval peu de maladies qui ressemblent à la morve aiguë. — Les lésions qui accompagnent l'affection gangréneuse connue sous le nom de *mal de tête de contagion* sont faciles, au bout de quelques jours, à distinguer de ceux de la morve aiguë ; il en est de même de l'affection vésiculeuse que MM. Bouley fils et Patté (*Journal de médecine vétérinaire pratique*, novembre 1843) (1) ont signalée comme pouvant présenter quelques caractères communs avec la morve aiguë, et qu'ils ont appelée herpes du cheval : ces vésicules, qui s'élèvent et qui se multiplient rapidement

---

(1) *De la morve, etc., sous la forme chronique,* par M. H. Bouley. (*Recueil de médecine pratique,* n° de février 1843.)

dans les naseaux, peuvent laisser d'abord de l'incertitude, mais, en se guérissant ensuite promptement, elles tirent bientôt l'expert d'embarras. Dans tous ces cas douteux, celui-ci ne doit donc pas se presser, et il doit demander que l'animal soit mis dans une fourrière convenable, telle que nos connaissances actuelles et la police vétérinaire sur la morve doivent la faire désigner.

En résumé, si la maladie est chronique ou a marche lente, sa résistance aux moyens curatifs, si toutefois des chancres ne viennent pas la spécifier d'une manière tout à fait indubitable, la distinguera en peu de temps des maladies similaires, et indiquera positivement sa nature. Si la maladie est aiguë, le développement rapide, inflammatoire des ulcères chancreux, et bientôt la mort et les lésions cadavériques, ne laisseront plus d'incertitude; si, au contraire, c'est une autre affection qui avait revêtu quelques caractères de la morve aiguë, la guérison ou la mort mettront promptement l'expert dans le cas de bien juger.

C'est ici le lieu de prémunir les vétérinaires contre une erreur que quelques-uns d'eux commettent quelquefois. Dans les affaires de commerce, ils n'ont ordinairement qu'à juger si l'animal est affecté de la morve ou s'il ne l'est pas; il est rare que le tribunal leur demande autre chose : s'il y a lieu, par exemple, à séquestrer l'animal ou à l'abattre, ce qui ne regarde que la police locale. Les vétérinaires peuvent cependant, pour appuyer leur opinion qu'il y a lieu à rédhibition, indiquer, dans leur procès-verbal, que l'animal est susceptible d'être séquestré ou abattu ; voilà tout : ils n'ont par eux-mêmes aucune autorité pour faire exécuter cette mesure de police, ils n'ont que des conseils à donner à la personne qui a malheureusement un pareil animal. Dans le cas, cependant, où ils croiraient que leurs conseils seraient inutiles, et que le manque de précautions pourrait nuire à d'autres intérêts particuliers, mais surtout aux intérêts publics, ils peuvent instruire la police locale, qui seule a le droit de prescrire des mesures de sûreté : ce cas rentre alors dans les attributions de la police médicale vétérinaire, dont nous ne nous occupons point ici.

Farcin.

La maladie ou les divers symptômes de la même maladie, ou les mêmes affections variées, appelées *farcin*, se trouvent dans la même catégorie que la morve (1); leur nature n'est pas encore bien connue. On a cru, et quelques vétérinaires croient encore, à sa contagion. Enfin les guérisons sont rares, en sorte que l'animal affecté tombe à une valeur presque nulle : il ne peut donc pas remplir le but d'un acheteur.

L'animal paraît, dans beaucoup de cas et quelquefois fort longtemps, en assez bonne santé ; il peut même être en embonpoint : les signes caractéristiques de l'affection sont ou

---

(1) Les uns pensent qu'il y a diverses affections appelées *farcin* ; les autres, que les différences observées ne sont que des variétés ou des symptômes divers de la même affection; enfin, quelques-uns, que c'est la même que la *morve*.

des pustules abcédées ou des boutons, tantôt rares, tantôt abondants, tantôt dispersés, tantôt réunis par masses ou placés en cordons, en chapelets à la suite l'un de l'autre, et qu'on ne peut distinguer d'autres éruptions ou d'autres plaies, à moins d'avoir étudié la médecine des animaux ; de plus, on sait que le farcin peut exister sans les boutons extérieurs qui en sont le signe univoque, et que ces boutons peuvent ne se montrer qu'après quelques jours : il n'y a donc pas de doute qu'il ne puisse être caché au moment de la vente. C'est donc avec juste raison que la série de symptômes appelée de ce nom a été placée au nombre des vices rédhibitoires des espèces chevalines : tout acheteur qui verra apparaître des boutons d'apparence suspecte sur les animaux qu'il viendra d'acquérir fera bien, en conséquence, de se mettre en mesure de conserver sa garantie contre son vendeur.

Quant au vétérinaire chargé de l'expertise, il sera beaucoup moins embarrassé que dans les cas précédents : les boutons qui caractérisent le farcin sont reconnaissables quand ils sont abcédés : quand ils ne le sont pas, leur disposition par chapelets et le long des trajets des vaisseaux veineux et lymphatiques laisse peu de doute sur leur nature. Enfin, si le farcin se montre par des tumeurs, ces tumeurs, qui ne revêtent ni le caractère de celles qui sont purement inflammatoires, ni de celles qui sont charbonneuses, ni de celles qui sont le résultat de l'atonie du système cellulaire sous-cutané, mettent de suite l'expert en suspicion de la nature farcineuse. Dans ce cas, comme dans celui où l'aspect des boutons laisserait quelque doute, quelques jours d'attente et d'examen indiqueront d'une manière positive la nature du mal. Il est, en effet, des cas où des boutons revêtent quelque apparence des boutons farcineux. Par exemple, à la suite d'une blessure accidentelle, même légère, à la suite d'un séton ou d'une opération, on voit quelquefois des boutons ou tumeurs se manifester sous la peau le long des veines ou des vaisseaux lymphatiques sous forme de chapelets; mais leur nature inflammatoire et leur prompte disparition par un traitement approprié les ont bientôt fait reconnaitre.

Le farcin, comme la morve, se montre quelquefois avec des caractères d'acuité extrêmement violents. Cette forme de la maladie n'est pas moins rédhibitoire que l'autre forme, par toutes les raisons que nous avons rapportées à l'article *Morve*. De même encore si, dans le premier début de la maladie, l'expert avait quelques doutes, quelques jours de fourrière le mettront à même de prononcer un jugement certain. L'aspect que prendront les boutons, leur apparition dans les naseaux, souvent la complication de la morve aiguë, et enfin la mort, ne laisseront aucune raison d'incertitude.

Maladies anciennes de poitrines ou vieilles courbatures.

Il est, dans l'espèce du cheval, des affections de poitrine anciennes, qui ne peuvent plus être guéries radicalement et qui, à cause de l'importance de l'organe, empêchent les animaux d'être propres au service.

Ces maladies laissant quelquefois momentanément les animaux avec l'apparence de la santé, il était juste de les placer dans le cas de la rédhibition. Les mots *vieilles courbatures*, qui désignaient particulièrement les plus communes de ces maladies, ont été conservés probablement exprès par le législateur, pour en mieux spécifier le genre : quelles sont donc ces maladies? ou bien le législateur a-t-il entendu que ce seraient indistinctement toutes celles des organes contenus dans la poitrine?

Il n'y a pas de probabilité pour cette dernière opinion, par la raison que les mots *vieilles courbatures*, dans le langage de l'ancienne maréchalerie qui avait précédé la médecine vétérinaire, désignaient des maladies spéciales du *poumon et de la plèvre*. Les mots *vieilles courbatures*, d'accord en cela avec les mots *maladies anciennes de la poitrine*, tels qu'on les emploie dans le langage vulgaire, doivent donc s'entendre seulement des maladies anciennes de la plèvre et du poumon. Cela bien convenu, est-il facile, à la personne nommée pour constater le vice, de dire s'il existe ou s'il n'existe pas sur l'animal vivant, ou, autrement, de mettre son mandat à exécution? Nous dirons que c'est un des cas les plus embarrassants pour le vétérinaire.

En effet, ces maladies anciennes de la plèvre et du poumon, quand l'animal n'est pas fortement malade, sont assez difficiles à caractériser, à distinguer de diverses autres maladies. C'est le mouvement de la respiration qui, dans ce cas, est le principal guide du vétérinaire. Quand l'animal est essoufflé, après quelques instants d'un exercice très-léger, quand les mouvements du flanc sont alors à peu près ceux d'un cheval poussif, quand il y a une toux sèche, quinteuse, quand il y a un léger jetage muqueux par les naseaux, quand ceux-ci sont dilatés, et *quand néanmoins toutes les autres fonctions s'exécutent bien, qu'il y a apparence de santé*, il y a déjà probabilité d'une affection ancienne, soit du poumon, soit de la plèvre ; car, si la maladie était récente ou aiguë, tous ces symptômes seraient accompagnés d'une fièvre, d'un malaise général qui se traduirait par des symptômes maladifs apparents : si donc ceux-ci n'existent pas, il y a une certaine probabilité que la maladie est ancienne. L'auscultation de la poitrine par la percussion, et aussi au moyen du sens de l'ouïe en appliquant l'oreille sur les diverses parties de la poitrine, pourra encore indiquer s'il y a des portions du poumon qui sont indurées et désorganisées, pourra montrer s'il y a désorganisation des plèvres ; mais ces signes, pour être bien perçus, bien jugés, demandent beaucoup de tact, beaucoup d'habileté, et sous ce dernier rapport on ne saurait trop étudier l'ouvrage que M. Delafond a publié dans le *Recueil de médecine vétérinaire pratique*, sur les maladies de la poitrine du cheval.

Mais quelquefois, on peut même dire le plus souvent, les maladies anciennes des plèvres ou des poumons se montrent par des redoublements maladifs, qui ont tellement les caractères des maladies aiguës récentes, qu'il est quelquefois impossible de les reconnaître sous les caractères d'acuité qui se manifestent : l'odeur nauséabonde de l'air expiré est quelquefois le seul symptôme d'ancienneté saisissable, et il n'existe pas toujours.

L'expert est donc fort embarrassé : heureusement, comme il n'est pas forcé de décider à la première visite, il peut remettre sa décision après quelques jours d'examen, et c'est ce qu'il doit faire. Si l'animal guérit sans qu'on ait pu reconnaître ces symptômes d'ancienneté, c'est qu'il est probable que l'affection était récente, et alors le procès est terminé ; si, au contraire, l'animal va de pis en pis et meurt, alors il se trouve dans le cas de l'art. 7 de la loi, sur lequel nous reviendrons plus loin.

Il est des expressions médicales qui signifient la même chose que les mots *anciennes maladies* de poitrine, par exemple les expressions maladies *chroniques* de la poitrine, et les vétérinaires experts peuvent les employer. Il vaut mieux cependant se servir des mots désignés par la loi, sauf à mettre entre parenthèses ou à ajouter d'une autre manière les mots scientifiques qui désigneraient mieux la nature de la maladie; autrement, s'il n'y avait que les expressions scientifiques autres que celles de la loi, les juges pourraient se trouver dans l'embarras ou exposés à demander des explications. Un cas semblable s'est produit en 1841-1842, à Bar-le-Duc, dans l'affaire Lazare contre Cuny (1); le tribu-

---

(1) Le 14 avril 1841, le sieur Cuny achète un cheval dont le prix est payé comptant. Peu de temps après, pensant que ce cheval est atteint d'un vice rédhibitoire, il provoque une expertise de laquelle il résulte que, dans l'opinion de l'expert, ce cheval est affecté d'une *maladie chronique de la poitrine*, qui permet d'envisager cette affection sous le nom de *phthisie pulmonaire au moins à son premier degré*.

Le vendeur appelle en garantie le sieur Lazare, de qui il avait lui-même acheté le cheval; celui-ci provoque une seconde expertise. L'avis des trois experts nommés est ainsi conçu :

« Nous avons examiné le cheval dans l'écurie et au repos, et nous avons remarqué qu'il présentait extérieurement tous les signes d'une santé parfaite : que le mouvement des flancs était régulier, que la toux que nous avons provoquée était forte et sonore, que les

nal a jugé, et aussi la cour de cassation, que, lorsqu'en fait un cheval était atteint d'une *maladie chronique de la poitrine,*

muqueuses apparentes étaient d'une couleur rosée, que les yeux étaient vifs, que la peau était souple et le poil lisse, qu'enfin le cheval était dans un état parfait d'embonpoint, etc... Pour quoi nous estimons que le susdit cheval n'est point atteint de vieille courbature ou phthisie pulmonaire chronique. »

9 août 1841, le tribunal de commerce de Bar-le-Duc, à la suite de ces deux expertises, rend un jugement ainsi conçu :

« ..... Attendu que le tribunal a dû s'éclairer sur les motifs qui ont pu amener cette contradiction dans l'opinion respective des hommes de l'art; — attendu aussi que M° Leblanc (avocat du sieur Lazare) a fait remarquer que le premier rapport laissait du doute sur l'ancienneté de la maladie du cheval, en ce qu'il y est dit que ce cheval serait atteint d'une phthisie pulmonaire au moins à son premier degré, ce qui ne constituerait pas le vice rédhibitoire défini par la loi, c'est-à-dire la maladie ancienne de poitrine ou vieille courbature; — attendu que l'opinion contradictoire des experts s'explique par les dates de leurs procès-verbaux; qu'ainsi la maladie a été constatée par un procès-verbal du 16 avril dernier, et qu'elle ne l'a

il pouvait accorder à l'acheteur l'action en garantie pour vice rédhibitoire, en se fondant sur ce que l'expression *maladie*

---

point été par le procès-verbal du 17 juillet, ce qui résulte de la possibilité de ne plus pouvoir reconnaître les symptômes de cette maladie après trois mois de repos et de bon traitement, et sans que pour cela il y ait guérison complète, mais seulement absence momentanée de symptômes apparents de la maladie; — attendu que le sieur Mercier, premier expert appelé à visiter le cheval, a déterminé qu'il était affecté d'une maladie chronique de poitrine, ce qui est synonyme de maladie ancienne de poitrine ou vieille courbature; — attendu que, s'il a ajouté qu'on pouvait envisager l'affection du cheval comme une phthisie pulmonaire, au moins à son premier degré, il ne s'est pas contredit par ces derniers mots, puisque, cette maladie étant très-lente de sa nature, elle ne peut être reconnue au premier degré qu'autant que l'animal en est déjà affecté depuis assez longtemps; — attendu que si, d'une part et par les motifs qui précèdent, l'expertise du 17 juillet ne constate pas la maladie du cheval, d'un autre côté elle ne détruit en aucune manière celle faite le 16 avril, qui réunit toutes les conditions légales et qui doit servir de base : — le tribunal condamne, etc... »

chronique de la poitrine était synonyme des mots *maladie ancienne de poitrine*, ou *vieille courbature*, qui sont dans la loi. Le mot *ancienne* a été pris, en effet, dans l'art. 1ᵉʳ de la loi du 20 mai 1838, uniquement par opposition au mot *récente*; il n'est point exclusif de toute autre expression propre à définir le caractère que doit avoir l'affection pour constituer légalement un vice rédhibitoire.

Pourvoi contre ce jugement pour fausse application de l'art. 1ᵉʳ de la loi du 20 mai 1838.

22 novembre 1842, arrêt de la cour de cassation qui rejette ce pourvoi par les motifs suivants :

« Considérant, en droit, que l'art. 1ᵉʳ de la loi du 20 mai 1838 met au nombre des cas rédhibitoires l'ancienne maladie de poitrine, ou vieille courbature; — considérant, en fait, que le jugement déclare que le cheval vendu par le demandeur était atteint du cas rédhibitoire déclaré par l'art. 1ᵉʳ de la loi; que, pour arriver à cette conséquence, le jugement s'est fondé comme il en avait le droit, sur une première expertise, quoiqu'une seconde expertise eût eu lieu ultérieurement. » (*Journal du palais*, 1843, t. 1ᵉʳ, p. 127.)

Par le jugement du tribunal de Bar-le-Duc et par l'arrêt de la cour de cassation ci-dessus, une autre question très-grave se trouve résolue et qui pourrait se présenter de nouveau; la voici : une première expertise ayant conclu qu'un cheval, au moment où il était visité, avait une maladie ancienne de la poitrine, qui plaçait l'animal dans le cas de la loi du 20 mai 1838, une seconde expertise faite un certain temps après la première, et qui déclare que l'animal paraît être en parfait état de santé, peut-elle annuler l'effet de la première et faire penser qu'il ne doit pas y avoir lieu à rédhibition? L'arrêt de la cour de cassation a tranché la question en conservant au jugement du tribunal de Bar-le-Duc la force de chose jugée. Il peut arriver, en effet, qu'au moment où il est vendu, un cheval ait depuis quelque temps les commencements d'une de ces maladies de la plèvre ou du poumon qu'on appelle vieilles courbatures, et que cependant les lésions produites soient encore assez légères pour qu'au moyen de la cessation du travail, et surtout au moyen d'un traitement convenable, on puisse rétablir complétement la santé. Les progrès de la médecine vétérinaire prouvent que cela est vrai. N'arrive-t-il pas d'ailleurs encore plus souvent que cette même cessation du travail et le traitement convenable, s'ils ne guérissent pas radicalement, arrêtent au moins tellement les progrès de la maladie, qu'ils ne puissent faire venir en doute l'existence de la maladie ancienne dans l'esprit de la personne qui n'aura pas vu l'animal dans le premier état? Tous les vétérinaires qui ont eu une grande et longue pratique ont vu des cas semblables se produire.

La loi a eu pour but principal, d'ailleurs, d'arrêter les procès en matière de vente d'animaux; et ne serait-ce pas le moyen, sinon d'en avoir un plus grand nombre, au moins de prolonger ceux qui existent, que de donner lieu à ces secondes expertises contradictoires et qui pourraient, dans les cas douteux, n'être en opposition avec les premiers que par suite de jalousie d'état?

Immobilité.

Quoique la médecine vétérinaire ait fait beaucoup de progrès, cependant on trouve encore, dans l'état actuel de la science, quelques assemblages de symptômes qui ont des dénominations spéciales, sans que la maladie ou les maladies qui les produisent soient bien connues : quelques-uns de ces assemblages de symptômes figurent encore forcément sous leurs anciens noms dans la médecine vétérinaire ; tel est celui qu'on appelle *immobilité*.

Le cheval est atteint de ce vice quand il est stupide (qu'on nous passe cette expression), c'est-à-dire lourd, inattentif à la voix du conducteur, comme absorbé par une sensation interne ; état dont il ne sort que difficilement par une espèce de mouvement convulsif et à la suite de coups qu'il paraît souvent ne pas sentir d'abord, état dans lequel il retombe aussitôt que la cause qui l'en a fait sortir cesse. L'animal a un *facies* particulier ; il reste à peu près immobile à la place où il se trouve; il prend du foin, le mâche, reste quelques instants sans le mâcher, et recommence ensuite cette action; sa tête est ou basse, ou élevée, presque sans mouvement; ses yeux sont fixes, la vision peu certaine; les oreilles sont souvent immobiles; enfin il est quelques autres signes moins constants, qui dénotent plus particulièrement ce vice aux yeux peu exercés : ainsi l'animal, quand il est échauffé, ne recule que difficilement; souvent même, quand la maladie a fait de grands progrès, il ne peut plus exécuter cette action : si l'on veut l'y forcer, ou il reste tout à fait immobile, ou il se défend, non pas par méchanceté, mais d'une manière qui indique que c'est par douleur; il tourne sa tête à droite, à gauche, sans remuer le corps; il se débat, si l'on élève trop haut la tête. Quand on pousse plus loin les tentatives, il se met sur ses jarrets, et les jambes de devant, au lieu de se ployer pour se porter en arrière, restent roides; les pieds traînent sur le sol (ils labourent la terre, ainsi que disent les marchands), ou décrivent un cercle latéral pour se porter en arrière; enfin les extrémités antérieures restent croisées quand on les a placées l'une devant l'autre : dans le commencement de l'exercice, quelques chevaux paraissent avoir plus d'ardeur et se porter en avant avec plus de vigueur; quelques animaux même ont momentanément des convulsions. Si tous ces symptômes n'existent pas d'abord, ils ne tardent pas à se montrer quand on accélère et prolonge l'exercice; ils ont, en général, plus d'intensité quand la maladie qui y donne lieu est plus ancienne.

D'après ces symptômes, on conçoit qu'il peut être difficile, dans les commencements, de les reconnaître, à moins d'un examen spécial, puisque ce n'est souvent qu'après un exercice un peu fort et soutenu quelque temps qu'ils apparaissent.

L'immobilité rend évidemment le cheval impropre au service pour lequel on le destinait, ou au moins diminue de beaucoup ce service. Qui voudrait, en effet, d'un cheval qui, échauffé, ne peut pas reculer, qui, dans un embarras, pourrait exposer son cavalier ou la voiture, et qui ne pourrait point se tirer d'un mauvais pas? Enfin l'immobilité est, au moins, le signe d'une maladie extrêmement grave, qui abrège beaucoup la vie de l'animal, et qui rend, par conséquent, celui qui en est atteint de peu de valeur. Toutes ces considérations ont fait mettre dans la nouvelle loi l'*immobilité* au nombre des vices rédhibitoires.

Le défaut de ne pas reculer ne suffit pas pour prononcer que la bête est immobile, parce qu'il y a d'autres causes qui produisent cet effet : par exemple, des harnais mal disposés ou une mauvaise bride ont donné lieu quelquefois à ce refus de la part des animaux. Ainsi j'ai vu une jument qui ne voulait pas reculer avec un filet très-mince qui lui coupait les barres; elle a reculé aussitôt que je ne me suis plus servi du filet, et que j'ai appliqué seulement la main sur le chanfrein. Des animaux qui ont les barres abimées, ulcérées par une embouchure mal combinée, refusent encore de reculer sans être immobiles; et Huzard père a vu un cheval qu'on voulait faire reprendre comme immobile, et que ses barres, ulcérées et cariées, mettaient dans un état de souffrance tel qu'il se défendait et refusait obstinénent d'obéir à l'action du mors.

Quelques jeunes bêtes peu exercées à la voiture ou au chariot refusent de reculer quand elles sont attelées, quoiqu'elles reculent bien quand elles sont libres. Quelques animaux usés dans leurs jarrets refusent aussi de reculer, par la douleur que cette action leur fait éprouver dans la partie malade.

L'expert ne prononcera que l'animal est immobile qu'après avoir vérifié si ce ne sont pas quelques-unes des causes indiquées ci-dessus ou quelques autres qui donnent lieu au vice qu'on reproche.

Enfin des animaux jeunes, même des animaux d'âge, momentanément malades, présentent quelquefois des signes d'immobilité. Si l'expert était incertain du jugement à porter, il demanderait que le cheval fût mis en fourrière et traité convenablement pendant quelque temps, pendant une dizaine de jours, par exemple; il aura ainsi le moyen de prononcer avec connaissance de cause sur l'existence ou la non-existence des symptômes qui caractérisent ce vice.

Pousse.

Le mouvement du flanc, qu'on a appelé jusqu'à présent du nom de *pousse*, est de tous les symptômes de maladie, qu'on le considère soit comme appartenant à une seule, soit comme appartenant à plusieurs (1), celui qui donne le plus souvent lieu à des contestations.

C'est une lésion de la respiration, qui se reconnaît aux signes suivants : *l'animal paraît jouir de la santé;* cependant, tandis que dans l'inspiration il y a élévation assez régulière des côtes, dans l'expiration, au contraire, le mouvement d'abaissement est à peine commencé qu'il s'arrête, s'interrompt subitement pour recommencer et s'achever ensuite tranquillement. Tel est le signe ca-

---

(1) On peut consulter particulièrement à ce sujet : *Recherches sur la nature de l'affection maladive à laquelle on a donné le nom de* Pousse; par M. Rodet. (*Mémoires de la Société royale et centrale d'agriculture,* année 1825.)

ractéristique de la pousse, le *coup de fouet*, le *contre-temps*, le *soubresaut*, qui constitue jusqu'à présent ce signe de maladie. C'est surtout aux dernières côtes, le long des hypocondres, qu'on l'aperçoit le mieux. D'autres signes accompagnent souvent celui-là : ainsi l'inspiration même commence souvent par un écartement subit des côtes. L'animal est affecté d'une toux particulière, sèche, quinteuse, sans rappel (1); il y a une dilatation habituelle des naseaux et un écartement singulier de l'aile interne; enfin, dans la dernière période, une grande maigreur laisse voir le jeu des côtes dans presque toute leur longueur.

Si les chevaux poussifs sont, au moment de la vente, capables de rendre les services

---

(1) En vétérinaire, on dit qu'un cheval *rappelle*, quand, après avoir toussé, il s'ébroue et semble se débarrasser ainsi de quelque gêne à laquelle il n'est pas habitué. C'est, en effet, un signe qu'il n'est malade que depuis quelque temps. Quand, au contraire, il ne *rappelle* pas après avoir toussé, c'est un signe qu'il est depuis longtemps malade et, pour ainsi dire, habitué à cette toux.

pour lesquels on les a achetés, l'affection, dont la pousse est un des résultats, diminue notablement la durée du temps que l'animal doit servir. Ainsi une personne achète un cheval de sept ans; elle espère qu'elle pourra s'en servir encore sept ans (abstraction faite de tout accident); elle ne le paye le prix demandé que dans cette espérance : le cheval se trouve poussif, elle ne peut plus espérer s'en servir aussi longtemps; la maladie qui donne lieu au mouvement du flanc peut même augmenter, de manière qu'au bout de quelques mois l'animal ne puisse plus remplir le but que l'acquéreur s'était proposé : celui-ci a donc été trompé; il n'aurait donné qu'un prix moindre du cheval, il ne l'aurait même pas acheté s'il avait connu son défaut.

Le marchand qui achète un cheval pour le revendre, et qui achète, sans le savoir, un cheval poussif, est bien plus trompé que le particulier qui l'achète pour s'en servir. Il comptait gagner sur l'achat, et si, pour ne pas tromper, il vend le cheval comme étant poussif, il ne le vend jamais le prix qu'il lui a coûté; il perd donc sur son marché, au lieu de gagner : certes, l'animal n'a pas rempli le but qui lui en avait fait faire l'acquisition.

Dans l'examen d'un cheval soupçonné poussif, il y a quelques précautions à prendre; le mouvement de la respiration qui constitue la pousse ne se montre pas chez tous les animaux de la même manière : c'est ordinairement le matin, quand l'animal est bien reposé et tranquille à l'écurie, que l'on aperçoit le mieux l'irrégularité du flanc. Si le cheval n'a pas encore fait son premier repas, il arrive souvent encore, et même presque toujours, qu'en mangeant l'avoine le mouvement de la pousse se manifeste davantage; c'est donc le matin, après le repos, et quand l'animal mange l'avoine d'une manière tranquille, qu'on constatera le plus sûrement l'existence de la pousse. L'exercice au trot habituel de l'animal pendant quelque temps et ensuite l'examen de son flanc donneront aussi un bon moyen; dans la plupart des chevaux poussifs un exercice modéré augmente la *régularité poussive* du flanc, qu'on me pardonne l'expression, tandis qu'un exercice forcé la trouble. Dans quelques animaux, même l'exercice plus accéléré que le pas fait changer le mode habituel de la respiration, et il n'y a plus moyen de reconnaître les mouvements ordinaires ou habituels de la respiration ; dans ces cas, le mouvement maladif du flanc qui constitue la pousse peut totalement disparaître : il en est de même pour quelques chevaux qui mangent l'avoine. Dans cette action, il n'y a plus aucune régularité dans les mouvements maladifs respiratoires ; et il est impossible de constater si l'animal est poussif ou s'il ne l'est pas : il en est encore ainsi pour certains animaux quand ils sont dehors de l'écurie, ou même à l'écurie quand ils sont environnés de personnes étrangères auxquelles ils ne sont pas habitués, ou bien quand ils sont inquiétés par un chien, quand ils sont en présence d'autres chevaux. L'expert ne devra donc pas se hâter de dire que l'animal n'est pas poussif ; il devra, avant de se prononcer, recommencer ses examens, quand dès le premier il n'aura pas la conviction suffisante. Règle générale : il devra même les répéter ou les prolonger quelque temps. Nous avons été étonnés quelquefois de trouver, dans un second examen, le mouvement de la pousse très-prononcé, chez un animal où d'abord nous n'avions rien remarqué qui pût faire croire le cheval poussif.

Mais, s'il est quelquefois difficile de reconnaître la pousse lorsqu'elle existe bien réellement, dans d'autres cas, on peut être conduit à dire que le cheval est poussif lorsqu'il ne l'est pas.

Plusieurs affections aiguës, postérieures à la vente, peuvent passagèrement donner à la respiration le mouvement qui constitue la pousse; la première chose que l'expert doit donc faire est de s'assurer si l'animal est bien portant. Cela reconnu, ainsi que l'irrégularité du flanc, il peut prononcer; il sera sûr que l'animal a une maladie qui a déjà quelque ancienneté; mais, si le cheval paraît malade, il faut demander qu'il soit reposé et traité convenablement : quelques jours de soins mettront à même de mieux juger. L'expert devra surtout avoir recours à ce moyen lorsqu'il se méfiera ou de la bonne foi du vendeur, ou même de celle de l'acheteur, qui, pour faire reprendre un cheval qui ne lui conviendrait point, l'aurait et fatigué, et gorgé d'aliments échauffants, afin que, lors de l'examen, le mouvement du flanc ne fût pas dans son état ordinaire.

Une difficulté fâcheuse se rencontre quelquefois : un particulier présente une requête pour faire visiter un cheval qu'il soupçonne poussif, l'expert nommé trouve le flanc irrégulier et l'animal un peu triste, sans appétit ; il demande qu'il soit mis en fourrière pour prononcer plus tard sur son état. L'animal, avec quelques soins, recouvre la régularité du mouvement respiratoire; l'expert prononce que l'animal n'est point poussif; le propriétaire retire l'animal de la fourrière, et le procès est terminé. Après huit ou dix jours de service, l'irrégularité du flanc recommence, devient plus apparente, augmente, et l'animal meurt. A l'ouverture, on trouve une vieille pulmonie ou pleurésie, ou même l'emphysème pulmonaire : l'expert est accusé par l'acheteur ; il reçoit tout le blâme ; sa probité est quelquefois soupçonnée; mais, fort de sa conscience, il doit se rassurer; il doit savoir qu'il y a des circonstances au-dessus de la science. On voit par là quel soin il faut apporter dans de pareilles expertises. Heureusement qu'une telle circonstance se rencontre rarement.

Cornage chronique. (*Sifflage*, Halley).

C'est un bruit plus ou moins fort, contre nature, maladif par conséquent, que l'animal fait entendre en respirant, soit lors de l'aspiration ou de l'entrée de l'air dans la poitrine, soit lors de l'expiration ou de la sortie de l'air de cette cavité.

Si ce bruit était continu, si l'animal le faisait toujours entendre, ce vice serait apercevable au moment de la vente, et il ne pourrait être, dans ce cas, vice rédhibitoire; mais, le plus ordinairement, le bruit n'a lieu que momentanément, après un exercice plus ou moins prolongé, en sorte que l'acheteur qui n'essaye pas suffisamment l'animal peut ne pas soupçonner l'accident. Il provient d'une gêne de la respiration, dont la cause varie souvent : cette gêne diminue les services de l'animal d'autant plus qu'elle est plus grande, et elle est quelquefois portée au point de faire tomber de suffocation les chevaux au milieu de leurs travaux; dans tous les cas, elle diminue la célérité et la durée des services que nous en exigeons, et les déprécie en conséquence : on en a vu devenir incapables des moindres travaux.

La loi du 20 mai 1838, dictée, quant aux vices spécifiés par elle, dans l'esprit de l'article 1641 du code civil, a voulu que le cornage chronique, c'est-à-dire existant avant la vente, ou dont les causes existaient avant cette vente, fût seul dans le cas de la rédhibition. Il est donc bon, comme l'ont fait MM. Galisset et Mignon, dans leur ouvrage sur les vices rédhibitoires, d'indiquer les causes qui donnent ordinairement lieu au cornage chronique. Ce n'est pas pour les vétérinaires experts qu'il peut être utile d'indiquer ces causes, les vétérinaires les connaissent bien ; mais c'est pour les personnes qui ne sont point au fait de la médecine vétérinaire; c'est pour les juges peut-être, qui pourraient, dans un cas spécial, demander quelle est la cause, quelle est la maladie du cornage chronique. Nous le disons déjà ici, l'expert ne doit pas généralement se contenter de dire qu'il a reconnu que l'animal était affecté de cornage chronique (ou de tout autre vice rédhibitoire, s'il s'agissait d'un autre vice rédhibitoire); il doit encore décrire les symptômes, les signes qui lui font juger de l'existence du vice, et quand il en connaît la cause d'une manière certaine, il doit indiquer cette cause : il donne ainsi un plus grand poids à ses conclusions.

Les causes du cornage chronique sont, dans certains animaux, l'étroitesse naturelle des fosses nasales ou de la trachée-artère, étroitesse qui fait que lorsque l'animal est exercé, et lorsqu'il a besoin d'une plus grande quantité d'air que dans le repos, cet air ne trouve pas un passage suffisant pour entrer et sortir de la poitrine et éprouve, par suite d'une vitesse plus grande, des chocs et des vibrations sonores. Dans d'autres animaux, c'est lors d'un exercice un peu accéléré, que l'accumulation ou l'abord plus considérable du sang dans la muqueuse des conduits aériens, soit par suite de l'organisation particulière de cette membrane, soit par suite d'un état maladif ancien, gonfle la membrane muqueuse, lui fait occuper plus d'espace, rétrécit d'autant les voies respiratoires, et produit le même effet que dans le cas précédent. Il est difficile, il est vrai, pour l'expert de deviner ces causes du cornage; dans ces cas, il vaut mieux alors qu'il s'abstienne de toute indication que de désigner des causes qui pourraient n'être pas réelles et qui pour le moins pourraient être contestées. C'est une des circonstances où l'expert est obligé de ne point suivre la règle que nous venons d'indiquer; il est malheureusement d'autres circonstances semblables lorsqu'il s'agit de ce vice. Ainsi il peut être dû à une atrophie des muscles du larynx qu'il est impossible de constater; à une compression du nerf trachéal récurrent également impossible à constater ; à la compression de la trachée ; à sa déformation elle-même dans la poitrine ; au rétrécissement des cavités nasales par un polype, par une exostose ou par toute autre cause tout à fait impossible ou très-difficile à voir lorsque l'animal est vivant ; enfin par un œdème de la glotte, etc.

Quelques-unes de ces causes et d'autres peuvent, dans certains cas, au contraire, être visibles ; telles sont la perforation de la cloison cartilagineuse du nez et ses déchirures dans sa partie accessible à la vue ; telles sont des exostoses situées auprès des parties visibles des voies respiratoires et qui en gênent l'exercice ou en font dévier la position.

Un cas, cependant, peut se présenter, c'est celui où les causes du cornage sont si apparentes, qu'elles doivent évidemment avoir frappé, même la vue de l'acheteur le moins clairvoyant ; telle serait, par exemple, la présence d'une exostose au bas du chanfrein, ou d'une tumeur apparente à l'encolure, le long du trajet de la trachée-artère, et qui gênerait celle-ci. Le vétérinaire-expert, sans s'embarrasser de cette circonstance, décrira ce qui est, ce qu'il a vu : le tribunal, seul compétent pour juger s'il y a lieu à la rédhibition, décidera la question.

Plusieurs affections aiguës, inflammatoires, tout à fait différentes par conséquent de celles dont nous venons de parler, peuvent donner lieu à un cornage momentané ; tels sont, entre autres, les catarrhes aigus des voies respiratoires : il est évident que le cornage qui en résulte n'est pas celui que la loi a voulu désigner. Dans ce cas, quand l'animal est visiblement malade au moment où on le présente à l'expert, celui-ci ne sera pas embarrassé; il demandera que l'animal soit mis en fourrière et il ne se prononcera que lorsque sa conviction sera bien formée. Si le cornage se passe avec l'affection, la discussion est terminée ; il n'y a pas cornage chronique : si, au contraire, le cornage subsiste, il y a tout lieu de penser qu'il existait avant la maladie.

Il est d'autres cas où l'animal, sans être corneur, peut cependant le paraître, c'est lorsqu'il est mal harnaché. L'expert doit donc, lorsqu'il s'agit d'essayer le cheval pour constater l'existence du vice, prendre garde que la bête ne soit gênée par aucune des parties du harnais ou de la bride : par exemple, par la sous-gorge, la muserolle, le collier, la bricole, les sangles, etc. Nous appelons d'autant plus l'attention de l'expert sur cette précaution, que certains maquignons se sont servis de ces moyens pour faire corner artificiellement et faire reprendre des chevaux qui ne leur convenaient point. Pendant quelque temps, des courtiers de Caen, qui s'entendaient avec les marchands, essayaient les chevaux que les cultivateurs amenaient sur le marché, avec des brides à sous-gorge très-serrée, à mors durs, ayant des branches très-longues et avec lesquelles ils faisaient corner, sans être corneurs pour cela, les chevaux qu'ils essayaient : ils trompaient ainsi les vendeurs, qui diminuaient d'autant plus leurs prétentions qu'ils étaient moins sûrs de leurs chevaux, que depuis longtemps ils gardaient sans les faire travailler pour les engraisser et les rendre plus vifs. Les jeunes chevaux faisaient d'autant plus facilement, dans ce cas, entendre une espèce de faux cornage momentané qu'ils étaient plus gras, plus empâtés, plus préparés à être vendus.

Nous avons vu des animaux qui ne faisaient entendre qu'un bruit extrêmement léger par les naseaux, mais dans lesquels la respiration devenait tellement gênée par l'exercice, qu'ils ne pouvaient plus le continuer et étaient obligés de s'arrêter ; les marchands, accoutumés à regarder comme corneurs les seuls animaux qui font entendre du bruit, soutiennent que ceux-ci ne le sont pas et qu'ils ne peuvent être dans le cas de la rédhibition. Cependant, en se rappelant que le cornage n'est point une maladie, mais que c'est une gêne de la respiration, suite de plusieurs maladies différentes, en se rappelant que c'est la moins-value de l'animal, surtout par suite du vice caché dont il est affecté, qui le met dans le cas de la rédhibition, on n'hésitera pas à condamner comme corneur tout animal qui, paraissant en bon état de santé, ne pourra pas exécuter les travaux pour lesquels il paraîtra propre par suite d'un embarras dans la respiration, que cet embarras soit avec bruit ou non.

Le 21 mars 1824, le sieur ***, marchand de chevaux à Paris, vendit au sieur *Beaujoin*, marchand de chevaux à Orléans, une belle jument de carrosse. La jument ne fut essayée qu'un instant pour voir si elle ne se refusait pas à aller au cabriolet : la jument ne s'y refusant pas, elle fut mise en route pour Orléans. Dans cette ville, le sieur *Beaujoin* s'aperçut qu'après quelques instants d'exercice elle soufflait fortement, que la respiration lui manquait et qu'elle tombait dans les brancards. Le 29 du même mois, dans le temps de la garantie, il présenta une requête à M. le juge de paix du deuxième arrondissement d'Orléans, pour le prier de nommer un vétérinaire à l'effet de constater le vice dont la jument était atteinte. Le juge de paix nomma MM. *Langlois* et *Metz*, qui condamnèrent la jument comme *corneuse*, quoiqu'elle fit très-peu de bruit en respirant. Le marchand de Paris prétendit que la jument n'était pas corneuse; le sieur *Beaujoin*, avec le procès-verbal des experts, l'attaqua au tribunal de commerce de Paris en résiliation du marché : M. Huzard fut nommé pour visiter la jument une seconde fois : il trouva, en effet, que la jument faisait peu de bruit, mais que, dans l'exercice, la respiration s'accélérait d'une manière extraordinaire; que les naseaux se dilataient considérablement, et que la suffocation était imminente après quelques instants d'exercice au trot au cabriolet, ce qui rendait la bête impropre au service pour lequel sa conformation paraissait la rendre apte. Il fut du même avis que MM. *Langlois* et *Metz;* il conclut qu'il y avait cornage chronique, et le marchand de Paris entra en arrangement avec celui d'Orléans (1).

---

(1) Dans les cas où le cheval soupçonné d'être corneur fait entendre peu de bruit, il est souvent un état de la respiration qui, suivant nous, ne laisse pas de doute sur l'existence du vice. Outre le léger bruit

Nous avons dit, et cela d'après MM. Mignon et Galisset, que l'œdème de la glotte pouvait être une cause de cornage chronique. Nous ajouterons ici que nous n'avons pas été à même de constater ce cas ; il doit demander de l'expert un examen particulier, puisqu'il peut cesser dans les circonstances où les autres cas de cornage chronique augmentent. Ainsi l'œdème de la glotte diminue par l'exercice, il augmente par le repos ; parce que les

---

que l'air fait dans son trajet dans les voies respiratoires, l'on remarque de temps en temps une courte suspension dans le mouvement de l'inspiration, qui ne se fait pour ainsi dire qu'à moitié ; elle s'arrête tout à coup, le bruit respiratoire cesse instantanément et les naseaux se rétrécissent subitement ; puis, presque aussi vite, la respiration recommence par une courte expiration. Nous avons très-souvent remarqué ce phénomène dans les chevaux corneurs affectés de cornage chronique avec bruit ; il est un signe presque indubitable de cornage chronique, dans les cas même où le sifflage ou bruit, peut être mis en doute, et où l'animal ne manifeste aucun signe de maladie aiguë.

fluides qui s'accumulent passivement dans le tissu de la glotte, dans le repos, en sont retirés lorsque par l'exercice une circulation plus rapide vient rejeter les fluides en plus grande proportion dans le système circulatoire et en particulier dans le système locomoteur, et pour cela les diminuer dans les autres organes, ou dans les autres tissus. C'est donc dans ce cas, dans le repos d'abord, ensuite en faisant manger l'avoine, et si on exerce l'animal, longtemps après l'exercice, qu'on doit l'examiner; il paraît même que c'est dans l'action de manger, et surtout en mangeant l'avoine, que l'animal fait le plus clairement entendre le bruit qui alors constitue le cornage.

En nous résumant par rapport à l'expert nommé pour constater si un animal est corneur, nous disons que l'expert devra examiner l'animal d'abord dans le repos à l'écurie; car il est quelques chevaux qui cornent même dans ce cas, d'une manière saisissable lorsqu'on les écoute attentivement; que l'expert l'examinera ensuite en mangeant l'avoine, parce que le cornage se manifeste quelquefois assez bien pendant cette action (1); enfin qu'il l'examinera pendant et après l'exercice, attelé ou sellé de manière qu'aucune des

---

(1) Il ne faut pas confondre avec le cornage une respiration un peu bruyante, ou une espèce de ronflement que certains chevaux font entendre naturellement en mangeant l'avoine. Ce phénomène n'a rien de commun avec le vice qui nous occupe. MM. Galisset et Mignon ont bien fait d'en parler, parce qu'il pourrait tromper un acheteur qui ne se connaîtrait pas en chevaux. Aucun autre signe de cornage ne se manifeste d'ailleurs, dans ce cas, dans les autres essais auxquels on soumet un cheval qu'on soupçonnerait d'être corneur.

On ne confondra pas non plus avec un cheval corneur, un cheval qui, dans un exercice autre que le pas, fait entendre habituellement un léger bruit par les naseaux, sans que pour cela la respiration soit gênée en aucune manière; ce bruit se distingue du cornage maladif, en ce qu'il cesse aussitôt avec l'exercice; il est dû le plus généralement à un frottement de l'air sur l'orifice externe des narines au moment de l'expiration; un peu d'habitude du cheval, ou d'étude de la manière dont se fait l'acte respiratoire normal dans cet animal, a bientôt mis au fait de ce cas assez commun.

parties du harnais ne puisse gêner l'acte respiratoire. Dans ce dernier essai, l'expert pourra faire reculer l'animal, et dans le cas de cornage il entendra presque toujours une augmentation du bruit, ou il entendra le bruit se renouveler après avoir cessé. Il est quelques chevaux où l'exercice doit être prolongé et un peu rapide pour développer le vice ; l'expert ne se bornera donc pas à un exercice léger, pour décider que l'animal n'est pas *corneur*. Enfin quand le cornage existera, et qu'il n'y aura aucun signe de maladie, aucune raison de croire à une maladie commençante, l'expert pourra prononcer que c'est le cas d'un cornage chronique.

Le tic sans usure des dents.

On appelle *tic* toute habitude particulière à un animal et qu'il a contractée soit par imitation, soit, ce qui est le plus ordinaire, par une cause inconnue : ainsi l'habitude, à l'écurie, de porter alternativement et rapidement la tête à droite et à gauche est appelée *le tic de l'ours.* Mais cette habitude, ainsi que plusieurs autres, ne porte aucun préjudice à l'animal, ne diminue point les services qu'on en attend, et ne pouvait être comptée, par conséquent, au nombre des vices rédhibitoires.

Il en est une autre, la plus commune de toutes peut-être, que l'on a nommée plus particulièrement *le tic*, et qui a des inconvénients réels.

L'animal appuie, sur le râtelier, sur la mangeoire, ou sur le timon de la voiture, les dents de l'une ou de l'autre mâchoire, plus particulièrement celles de la mâchoire supérieure, et, par une contraction assez remarquable dans les muscles de l'encolure, même par une contraction dans ceux de la poitrine et de l'abdomen, surtout dans ceux de la face inférieure de l'encolure, il fait entendre par la bouche une espèce de bruit, de flatuosité ou de rot plus ou moins fort; quelquefois même il exécute cette action sans appuyer les dents sur aucun corps, il *tique en l'air*, comme on dit vulgairement.

Si cette habitude ne produit pas toujours de mauvaises digestions, elle en est assez souvent le résultat; quelquefois même on l'a remarquée dans des animaux affectés de vices organiques du canal alimentaire : elle déprécie donc beaucoup ceux qui en sont atteints.

Quand elle existe depuis quelque temps, et quand l'animal y joint l'habitude de saisir avec les incisives les corps environnants ou d'appuyer seulement les incisives sur ces mêmes corps, le bord externe des incisives est usé, et l'on reconnaît ou l'on soupçonne ce vice en examinant l'âge. Quand les dents ne sont pas usées, ce qui arrive lorsque l'affection n'est pas encore très-ancienne et surtout lorsque l'animal tique en l'air, on ne peut pas reconnaître le vice si l'on n'examine pas l'animal longtemps d'une manière spéciale.

A Paris, *le tic*, celui dont je viens de parler, *non apercevable à l'usure des dents*, était déjà autrefois dans les vices rédhibitoires, et cet usage était basé sur l'équité. La loi du

20 mai 1838 a sanctionné l'usage de Paris : ainsi *le tic* sur l'auge, sur la longe, sur le timon, sur l'avoine, qui est accompagné de bruit guttural ou rot, par cela qu'il déprécie l'animal et qu'il ne peut pas toujours être apercevable au moment de la vente, est dans les vices rédhibitoires *toutes les fois qu'il n'est pas visible à l'usure des dents*. Au contraire, si les dents sont usées, *le tic* n'est plus rédhibitoire : l'acheteur ne peut pas même prétexter cause d'ignorance ; on n'achète pas un cheval sans être capable de reconnaître son âge : et toute personne qui connaît l'âge d'un cheval connaît en même temps l'usure que le tic fait éprouver aux dents. Si elle achète un animal sans pouvoir distinguer son âge, alors elle court de plein gré tous les risques d'être trompée. *Le tic* apercevable à l'usure des dents ne pouvait donc être mis au nombre des vices rédhibitoires.

Depuis 1838, un cas particulier s'est présenté devant le tribunal de commerce d'Auxerre ; un cheval, affecté *du tic de manger de la terre*, a fait le sujet d'une demande en résiliation du marché, et le tribunal, se fondant sur ce que le tic était sans usure apparente des dents, sur ce qu'il dépréciait fortement l'animal, sur l'article 1641 du code civil, sur le texte de l'article 1ᵉʳ de la loi du 20 mai 1838, et surtout sur l'équité, a prononcé la résiliation de la vente.

On a pensé que le tribunal d'Auxerre avait été au delà de la loi. On a dit que la loi, en mettant le tic sans usure des dents au nombre des vices rédhibitoires, n'avait indiqué que le tic dont nous avons parlé plus haut, et qu'elle avait exclu de la rédhibition tous les autres tics, quels qu'ils fussent, que la preuve en était dans les paroles que M. le ministre avait prononcées à la tribune lors de la discussion de la loi.

Nous ne partageons point cette manière de voir, par les raisons suivantes :

Si, dans l'exposé des motifs de la loi, on trouve celui de diminuer le nombre des procès, on trouve aussi qu'on n'a pas eu l'intention de violer le principe d'équité posé par l'article 1641 du code, mais qu'on a voulu régler seulement ce principe dans son application au commerce des animaux ; qu'on a voulu surtout ôter à des experts plus ou moins habiles, plus ou moins consciencieux, la faculté d'interpréter les cas qui devaient ou ne devaient pas donner lieu à la rédhibition, et, en même temps, en rendant la jurisprudence toute conforme sur tous les points du royaume, faire cesser tout ce qu'il y avait de fâcheux dans des jugements contradictoires : voyons donc en quoi celui du tribunal de commerce d'Auxerre, du 18 avril 1840, s'est éloigné de la loi.

D'abord est-il en contradiction avec son texte? Il est évident qu'il ne l'est en aucune manière. Le défaut de manger de la terre a, dans l'exercice de la médecine vétérinaire, été, et presque partout, appelé *le tic de manger de la terre ;* il se trouve dénommé ainsi dans plusieurs auteurs, on l'a appelé dans quelques cas *le tic* seulement. Il est quelquefois accompagné de l'usure des dents incisives ; quelquefois il n'est pas accompagné de cette usure : il se trouve, sous ce rapport, complétement dans le même cas que le tic dont nous avons parlé plus haut, et l'on pourrait demander si le législateur, en mettant le tic sans usure des dents au nombre des vices rédhibitoires, n'avait pas voulu exclusivement parler du tic de manger de la terre.

Sous le rapport de l'équité, toutes les considérations qui ont fait mettre le tic avec rots ou flatuosités dans les vices rédhibitoires existent pour le tic de manger de la terre; presque toujours c'est la suite d'une affection chronique de l'estomac; le danger est imminent pour l'animal, qui ne tarde pas à périr si la science vétérinaire ne vient remédier au mal; enfin l'acquéreur a pu ne pas s'apercevoir du vice au moment de la vente, parce que l'animal paraissait en bonne santé. Tout place donc ce vice dans le cas de l'article 1641 du code.

Par rapport à l'expertise, l'expert n'a aucune appréciation à faire; il n'a qu'à constater un fait; on pourrait même se passer de vétérinaire pour cette constatation; la première personne pourrait la faire. Il n'y a donc à craindre, sous ce rapport, aucune erreur, aucune fraude.

Enfin, par rapport à la conformité de jurisprudence par tout le royaume, il n'y a point de dissidence à craindre si les tribunaux veulent s'en rapporter strictement au texte de la loi. L'action de manger de la terre est appelée *tic*. Il est avec usure des dents ou sans usure des dents : avec usure des dents, il ne sera point rédhibitoire ; il sera rédhibitoire quand il n'y aura point usure des dents.

Reste donc la question de l'augmentation des procès. D'abord, cette augmentation sera minime, parce que ce cas se montre très-rarement, extrêmement rarement. Nous ne connaissons que celui dont il vient d'être question qui ait donné lieu à une action rédhibitoire. Mais, tout en cherchant à diminuer le nombre des procès, le législateur n'a pas entendu abolir complétement l'effet de l'article 1641 du code en matière de commerce des animaux ; la loi en est la preuve la plus frappante. Le tic sans usure des dents peut donc se rapporter tout aussi bien à deux vices du cheval comme à un seul, tout comme le cornage se rapporte à plusieurs maladies, à plusieurs accidents. Ce sont les deux tics qui sont vices rédhibitoires, comme ce sont les différentes maladies qui produisent le cornage qui donnent lieu à la rédhibition. Selon nous, le tribunal de commerce d'Auxerre a jugé dans l'équité, dans le texte de la loi, et il a bien jugé.

L'expert qui sera appelé à décider si le cheval a le tic sans usure des dents devra, d'après tout ce que nous avons dit, et avant de se prononcer pour la négative, examiner l'animal dans le repos à l'écurie, pendant qu'il mangera soit l'avoine, soit le foin, ou tout autre fourrage; et enfin dans la position où l'acheteur lui dira que la bête tique. S'il s'agit du tic de manger de la terre, l'expert aura à examiner comment et dans quelle circonstance l'animal mange de la terre, c'est-à-dire s'il recherche celle-ci et si c'est réellement par appétit dépravé qu'il l'avale.

Les hernies inguinales intermittentes.

Dans des chevaux entiers, l'anneau inguinal reste, dans quelques sujets, assez large pour laisser sortir momentanément une anse de l'intestin et donner lieu à des coliques qui se passent à mesure que l'intestin rentre dans la cavité abdominale. Si ces coliques se terminaient toujours ainsi, l'accident serait peu important et n'aurait peut-être pas été mis au nombre des vices rédhibitoires; mais presque tous les chevaux qui se sont trouvés dans ce cas ont fini leur existence par une hernie étranglée qui les a enlevés au moment où on s'y attendait le moins. Cette mort peut arriver quelques instants après l'achat : c'est ce qui, probablement, a fait mettre les hernies inguinales intermittentes au nombre des vices rédhibitoires.

Les chevaux hongres sont eux-mêmes exposés à cet accident. Il arrive, dans quelques-uns de ces chevaux, qu'à la suite de la castration, l'anneau ne s'oblitère pas complètement, et que la partie infundibuliforme supérieure forme un petit cul-de-sac qui se termine entre les couches musculaires abdominales, ou même au delà de la paroi abdominale ; c'est dans ce petit cul-de-sac que, dans certains mouvements, une anse intestinale peut momentanément s'engager. Comme chez les chevaux entiers, il est arrivé que, après plusieurs coliques dues à cette sorte de hernie, l'animal a succombé à une hernie étranglée ; il n'y a donc pas de doute que la loi n'ait eu en vue, dans ce cas, le cheval hongre comme le cheval entier; la hernie est inguinale chez l'un comme chez l'autre.

Mais la loi a voulu que la hernie, pour être rédhibitoire, fût *intermittente*. Si le principe est juste, l'application est difficile, et le vétérinaire appelé comme expert n'a aucun moyen de décider, nous le disons dans la plus intime conviction, si la hernie est intermittente ou non. Le tribunal, quel qu'il soit, est donc obligé ou de s'en rapporter, malgré les motifs les plus clairement manifestés par le ministre qui a présenté la loi, à une appréciation plus ou moins consciencieuse, plus ou moins savante de l'expert, ou bien d'ordonner une enquête; car il n'y a pas d'autre moyen de s'assurer que la hernie est réellement intermittente. **MM.** Galisset et Mignon veulent que, dans ce cas, l'expert attende qu'une seconde hernie se présente pour décider que la hernie est intermittente. Ce procédé est impossible, par les raisons suivantes : on sait qu'une première hernie peut être, dans l'animal le mieux conformé, produite par un effort musculaire subit, violent, qu'un coup de fouet du charretier ou du cocher aura déterminé; que cette première hernie peut être également déterminée par les efforts intenses, quoique réguliers, que la traction d'un lourd fardeau peut demander; et qu'une fois qu'il y a eu hernie, l'animal est disposé à des hernies successives, intermittentes, qu'il n'aurait probablement point eues sans le premier accident. Or le premier accident peut être de la faute de l'acheteur. Qui donnera la certitude du contraire? Par cette raison, la constatation d'une seconde hernie est tout à fait insignifiante pour prouver que la hernie était intermittente avant la vente; mais bien d'autres questions, insolubles à peu près, se présentent pour faire rejeter l'apparition d'une seconde hernie ou d'un *second accès de hernie*, s'il est permis de s'exprimer de cette manière, comme preuve de l'intermittence. Ainsi combien de temps faudra-t-il à l'expert pour constater ce nouvel accès de hernie? Sera-ce neuf jours? sera-ce un mois? sera-ce six mois? Pendant ce temps d'attente, le cheval restera-t-il entre les mains de l'acheteur, du vendeur, de l'expert, ou bien restera-t-il en fourrière? La loi n'ayant point fixé le temps nécessaire pour constater cette seconde hernie, l'appréciation de ce temps ne serait-elle pas laissée à l'appréciation de l'expert ou du tribunal? Ce temps ne pourrait-il pas, dans ce cas, être variable? Si le cheval reste entre les mains du vendeur, il n'y aura pas un second accès de hernie. Entre les mains de l'acheteur, tous les moyens pourront être employés pour reproduire une seconde hernie; et une hernie accidentelle, qu'un régime convenable aurait empêchée peut-être de se reproduire jamais, deviendra incurable. L'expert pourra-t-il se charger de garder l'animal sous sa surveillance? Qui ne connaît pas enfin les graves inconvénients de mettre en fourrière des animaux faisant l'objet d'un litige?

Heureusement que ce cas est très-rare et qu'il ne se présentera pas souvent. Ce que l'on rencontre le plus ordinairement, ce sont des hernies constantes, anciennes, peu fortes, que le vétérinaire instruit peut seul reconnaître après l'achat au moyen d'un examen spécial. Ce sont ces hernies beaucoup plus communes que les hernies intermittentes qui, dans des efforts accidentels, augmentent tout à coup, deviennent étranglées et produisent le plus souvent la mort ; ce sont ces hernies qui, ne pouvant être reconnues au moment de la vente que par des hommes ayant fait des études spéciales, auraient dû être placées plutôt que les intermittentes dans le cas de la rédhibition. Il aurait été facile pour l'expert d'en constater la présence, tandis qu'il sera bien difficile de décider autrement que par une enquête si la hernie doit être regardée comme accidentelle ou comme intermittente; puisque pour être équitablement déclarée intermittente, ce n'est pas un second accès de la hernie postérieur à la vente qui peut être invoqué, mais seulement *un* ou plutôt *des* accès antérieurs à la vente.

La loi qui a été faite, dit-on, pour diminuer le nombre des contestations, en fait de commerce des animaux, a été inconséquente déjà, en plaçant au nombre des vices rédhibitoires des chevaux, la hernie intermittente, qui n'était admise comme rédhibitoire dans aucune des anciennes provinces de France. Comme cette loi a été faite aussi, ajoute-t-on, pour soustraire l'appréciation du vice rédhibitoire à un expert plus ou moins consciencieux, plus ou moins instruit, elle a été inconséquente encore, puisque l'appréciation du cas de la rédhibition, si le tribunal n'ordonne pas une enquête, ressort tout à fait de la conscience de l'expert et de son talent plus ou moins grand. Car, nous le répétons, un second accès de hernie postérieur à la vente ne peut prouver l'intermittence antérieure à la vente, seul cas où il puisse y avoir lieu à rédhibition.

Quelles indications à donner à l'expert dans sa manière de procéder, nous n'en voyons d'autres à peu près que celles que nous avons déjà écrites quand il s'est agi de l'épilepsie, c'est de constater ce qu'il voit, c'est de relater, comme renseignements, les dires des parties ; c'est d'exposer au tribunal la fâcheuse position où il se trouve, et d'attendre le jugement du tribunal.

Boiterie intermittente pour cause de vieux mal.

Il y a des boiteries qui sont permanentes, qui, par conséquent, sont constamment visibles. Qu'elles soient récentes, qu'elles soient anciennes, elles ne pouvaient point être placées au nombre des vices rédhibitoires.

Mais il y a des boiteries qui sont intermittentes, c'est-à-dire qui se manifestent dans certains moments et qui cessent de se montrer dans certains autres. Ces boiteries peuvent être facilement cachées au moment de la vente; de plus, elles ont pour causes, dans beaucoup de circonstances, des maux anciens qui peuvent être antérieurs à la vente. Ces sortes de boiteries devaient être, par ces raisons, placées au nombre des vices rédhibitoires, si toutefois elles dépréciaient l'animal ou diminuaient les services qu'on en devait attendre. Or toutes les espèces de boiteries diminuent notablement la durée et la rapidité des services que peut rendre le cheval. La boiterie intermittente pour cause de vieux mal trouve donc naturellement sa place parmi les vices rédhibitoires. Les boiteries pour cause récente du fait de l'acheteur ne pouvaient être dans ce cas.

Quand l'expert est appelé pour juger si une boiterie est dans le cas de la loi, tous ses soins doivent être, en conséquence, de s'assurer si la boiterie est avec intermittence et si elle a pour cause un vieux mal, c'est-à-dire un mal antérieur à la vente.

Mais cette expertise n'est pas toujours facile, parce que des causes récentes de boiterie peuvent donner lieu à des boiteries intermittentes, et parce qu'un vendeur de mauvaise foi peut cacher sous une cause de boiterie apparente récente, et produite exprès (ce qui est arrivé), une cause de vieux mal. Voyons donc ce que doit faire l'expert pour s'assurer si la boiterie est due à un **vieux mal** ou à un **mal récent**.

La première chose, c'est de s'efforcer de découvrir le siége du mal, et, tout en cherchant si la boiterie est intermittente, d'examiner aussi en même temps le cheval sous cet autre point de vue, la cause du mal. Quelquefois on sera assez heureux pour arriver à ce résultat, mais, quelquefois aussi, on n'y arrivera point, et on restera dans le doute. Dans tous les cas, qu'on croie avoir reconnu ou non cette cause, il faut faire déferrer et parer le pied de l'extrémité boiteuse, afin de s'assurer s'il n'y a pas quelque point douloureux dans le sabot. En effet, rien n'est plus insidieux souvent que les signes de boiterie, et quoiqu'il n'y ait pas de chaleur au sabot, quoique la boiterie paraisse avoir sa cause dans tout autre endroit de l'extrémité, on est étonné quelquefois de trouver dans la corne des lésions, qui sont la cause accidentelle et momentanée de la claudication.

Cette précaution devient plus essentielle quand le cheval a été ferré depuis l'achat : alors plusieurs accidents récents, suite de la ferrure, et que tous les vétérinaires connaissent, tels que des clous enfoncés trop près des tissus internes de la corne, des fers mal ajustés, une sole brûlée par l'application d'un fer trop chaud, peuvent être la cause de la boiterie. Certains marchands de chevaux le savent si bien que, lorsqu'ils ont un cheval affecté d'une boiterie de vieux mal constamment visible, ils le vendent avec une ferrure neuve ou même ancienne, mais mal faite, au pied de l'extrémité dont l'animal boite, afin de pouvoir dire que l'animal boite par le fait de cette ferrure, d'ajouter qu'une nouvelle ferrure fera disparaître certainement la boiterie, et afin qu'en traînant ainsi en longueur ils puissent amener l'acheteur à l'expiration ordinaire du temps de la garantie. Le marchand appelé en garantie pour un cheval boiteux manque rarement d'émettre ces dires : comme ils peuvent être vrais quelquefois, l'expert doit donc toujours déferrer le sabot pour examiner cette partie avec la plus sévère attention.

Le professeur Gohier rapporte qu'un marchand qui voulait cacher une boiterie de vieux mal, avait fait une petite blessure au sabot, afin de pouvoir dire que la boiterie provenait de cette blessure légère : il est bon de faire connaître de pareilles fraudes.

Si, dans tous les examens, l'expert n'a reconnu aucune cause récente de boiterie, il peut prononcer que la boiterie est due à un vieux mal, parce qu'un examen bien sévère fera toujours reconnaître la cause récente d'une boiterie. C'est donc dans ce cas encore, comme dans quelques-uns de ceux que nous avons déjà eu occasion d'examiner, l'absence des preuves contraires qui établit la preuve de la réalité du vice rédhibitoire.

Si, au contraire, on trouvait une affection aiguë, récente dans l'extrémité boiteuse, il faudrait demander que l'animal fût mis en fourrière jusqu'à la guérison de cette affection : si l'affection aiguë masquait une boiterie ancienne, on constatera cette boiterie ancienne après la guérison de la cause de la boiterie récente. S'il n'y avait qu'une cause de boiterie récente, la guérison terminera la difficulté, il n'y aura plus boiterie, et point lieu à rédhibition.

Plusieurs espèces de boiterie sont dans le cas prévu par la loi; nous allons en donner une courte idée.

Première espèce de boiterie, ou boiterie à froid.

Des chevaux qui ont eu des boiteries, soit à la suite d'efforts articulaires ou musculaires, soit à la suite de blessures, boitent quelquefois au moment où ils sortent de l'écurie, tandis qu'après un travail ou un exercice plus ou moins long ils ne boitent plus : c'est la boiterie que les marchands appellent *boiterie à froid*, quelle que soit l'extrémité malade, quelle que soit la partie affectée, soit même qu'on ne puisse pas reconnaître cette partie.

Il est facile, à une personne qui veut se défaire d'un pareil cheval, de l'exercer jusqu'au moment où il ne boitera plus, ou, si elle n'a pas le temps de lui faire prendre l'exercice suffisant, de le tourmenter, de le tracasser au sortir de l'écurie, de manière qu'il ne puisse marcher à aucune allure franche et que la boiterie ne puisse être apercevable. Ce défaut est heureusement assez facile à reconnaître.

Ainsi, la boiterie ne paraissant qu'après un repos plus ou moins prolongé et diminuant à mesure de l'exercice, l'animal ne devra plus boiter, au moins d'une manière marquée, après quelque temps de travail, tandis qu'il devra recommencer à boiter après le repos. On n'aura donc qu'à faire passer successivement l'animal du repos à l'exercice et de l'exercice au repos.

Le sieur B...., garde du corps du roi, avait acheté, dans le mois d'avril 1824, une jument avec la garantie d'usage; il crut s'apercevoir qu'elle boitait à froid du membre antérieur gauche, il se mit en mesure de la faire reprendre.

En examinant cette jument on reconnut, à l'écurie, qu'elle se posait également sur l'un et l'autre membre antérieur; que les sabots de ces extrémités étaient vieux ferrés, assez bien conformés, sans chaleur, sans douleur, et le reste des extrémités jusqu'aux bras sans lésion, sans cause apparente de boiterie; que la bête était cependant déjà un peu usée et droite sur ses boulets. Hors de l'écurie, au trot régulier et soutenu, à la main, elle boitait évidemment, quoique légèrement, de l'extrémité antérieure gauche; elle précipitait le mouvement de l'extrémité droite et frappait plus fortement le pavé de cette extrémité que de l'autre, de manière à faire entendre de l'irrégularité dans le bruit de percussion : enfin cette boiterie était apercevable quelquefois aux mouvements de la tête. Elle disparaissait sous l'homme lorsque la bête était tenue en main et rassemblée entre les jambes. Elle reparut, après qu'on eut fait tourner la jument brusquement et fortement sur l'une et l'autre extrémité, pour disparaître de nouveau après un instant d'exercice. Le sabot, sondé, frappé et visité de toute manière, ne donnait aucun signe de douleur et ne présentait aucune lésion récente; mais en touchant et regardant de plus près l'épaule gauche, on aperçut au bas, sur la partie supérieure du bras, une dépression de plusieurs centimètres de hauteur, contre nature, que la couleur de la robe dérobait facilement aux yeux, qui était évidemment la suite de quelque blessure ancienne et qui pouvait être cause de la boiterie, aucune autre ne se faisant remarquer. On estima alors que la jument était réellement boiteuse de l'extrémité antérieure gauche, que cette boiterie était apparente à froid, qu'elle pouvait être facilement masquée par l'exercice sous l'homme, qu'elle était ancienne, une de celles dites de vieux mal, par conséquent antérieure à la vente et rédhibitoire.

Le mouvement convulsif des extrémités postérieures, connu sous la dénomination d'*éparvin sec*, quand il n'existe que momentanément au commencement de l'exercice, rentre dans ce cas, quelle que soit sa cause. C'est évidemment une boiterie de vieux mal à froid, qui, faisant souffrir l'animal, est cause que la durée du service s'en trouve diminuée et que l'animal est d'une valeur réelle et commerciale moindre.

Deuxième espèce de boiterie. (Boiterie à chaud.)

Il arrive, à l'égard de quelques chevaux dont les articulations sont fatiguées, que l'exercice les rend boiteux pour un laps de temps plus ou moins long, et que le repos les remet droits jusqu'à ce qu'un nouvel exercice vienne les rendre boiteux de nouveau. Quelquefois il suffit d'un repos de quelques heures pour faire disparaître la boiterie, mais quelquefois aussi il faut un repos de plusieurs jours. C'est la boiterie qu'on appelle vulgairement *boiterie à chaud*. Le marchand qui veut se défaire d'un animal qui se trouve en pareil cas attend qu'il soit bien redressé, et il le met en vente. La personne qui veut l'acheter lui fait faire un peu d'exercice; elle le trouve bon, elle l'achète. Un jour ou deux après, elle le pousse un peu davantage; le cheval boite. Le lendemain, en sortant de l'écurie, il ne boite plus; mais la boiterie reparaît après un nouvel exercice, et la personne se met en mesure de faire reprendre le cheval.

Dans un pareil cas, l'expert n'est quelquefois pas plus embarrassé que dans le cas précédent; il suffit de faire exercer l'animal jusqu'à ce qu'il boite, et de le faire reposer ensuite quelques heures, ou mieux une nuit, pour que la boiterie cesse, et ensuite recommence avec un exercice prolongé : deux jours au plus d'examen lui suffisent donc pour reconnaître la nature de la boiterie.

Mais il est rare que cette espèce de boiterie se présente d'une manière aussi simple. Le cheval, au lieu de boiter après l'exercice, ne boite souvent que le lendemain en sortant de l'écurie; ou s'il a déjà boité pendant l'exercice, il lui faut plus d'une nuit et souvent même plus d'un jour pour se remettre droit. Dans ce cas, la boiterie ressemble bien à une boiterie fortuite, et il est assez difficile pour l'expert de l'en distinguer; mais l'acheteur, persuadé, par la manière dont le cheval a été conduit et par les renseignements, que la boiterie est ancienne, se met en mesure de faire reprendre le cheval, et se présente chez l'expert nommé, qui trouve le cheval boiteux soit à froid, soit échauffé.

L'acheteur prétend que c'est une boiterie de vieux mal.

Le vendeur, de son côté, avance que la boiterie est récente, qu'elle est du fait de l'acheteur qui a forcé ou estropié l'animal.

Comme c'est quelquefois le cas, l'expert, qui ignore les antécédents, se trouve fort embarrassé, et il ne peut pas prononcer de suite qu'il y a ou qu'il n'y a pas vice rédhibitoire.

La première chose qu'il doit faire est de demander que l'animal soit mis en fourrière en main tierce, afin d'être visité par lui plusieurs fois et quand il le jugera convenable. Ces visites doivent être répétées, et les parties y être appelées, pour qu'elles fassent toutes les observations qu'elles croiront utiles à leurs intérêts. Le temps, les examens divers à froid, à chaud, après un repos prolongé de plusieurs jours, les discussions même qui s'élèveront entre les parties éclairciront bien des doutes. L'expert émettra son opinion quand ils seront tous levés, en détaillant bien les raisons qui la lui font adopter.

S'il ne peut pas parvenir à ce résultat, ce qui peut arriver quelquefois, il se contentera de relater dans son procès-verbal tout ce qu'il aura fait, toutes les précautions qu'il aura prises, et il laissera aux juges à prononcer s'il y a vice rédhibitoire. Son soin devra être de rédiger son procès-verbal de manière à leur mettre devant les yeux le point douteux de la question (voyez, ci-après, les conclusions d'un procès-verbal rédigé dans une occurrence semblable). Quelquefois, dans ce cas, il n'y aura d'autre moyen pour le tribunal de découvrir la vérité que de demander à l'acquéreur les preuves que l'animal a boité avant la vente.

Il est des chevaux à sabots très-tendres dont la sole est presque toujours affectée de bleimes. Cette lésion est une cause de boiterie; et les chevaux qui y sont sujets boitent quand ils sont échauffés, pour cesser d'être boiteux après un jour ou deux jours de repos; dans ces animaux, on trouve toujours alors, après qu'on les a déferrés, des bleimes anciennes à côté de bleimes récentes. La boiterie est intermittente; elle reconnaît pour cause un vieux mal. Nous pensons donc qu'elle rentre dans le cas des boiteries de vieux mal à chaud. S'il n'y avait pas trace de bleime ancienne, l'animal ne serait pas dans le cas de la loi, puisque la boiterie serait la suite d'une bleime récente dont tout accident, autre que la nature même de la corne du cheval, pourrait être la cause.

Troisième espèce de boiterie.

Il y a des chevaux qui boitent, et de la boiterie desquels on ne s'aperçoit pas si on les essaye à un seul genre de travail : ainsi il arrive quelquefois qu'un cheval attelé, et pour ainsi dire soutenu par les harnais ou les brancards, ne paraît pas boiteux, quoiqu'il le soit réellement et manifestement quand il n'est plus attelé ou quand il est exercé sous l'homme. Dans ce cas, nous pensons qu'il y a encore lieu à la rédhibition si l'acheteur n'a vu le cheval qu'au genre de service où la boiterie n'est pas visible, et s'il ne l'a pas essayé autrement. Si, au contraire, il l'a essayé, s'il a pu se convaincre par lui-même du défaut, il ne peut plus revendiquer en sa faveur l'application de la loi. C'est donc la manière dont s'est faite la vente, ou plutôt l'essai de la chose vendue, qui détermine si le cas doit être rédhibitoire, ou s'il ne doit pas l'être.

L'expert fera essayer l'animal de différentes manières; il notera ce qu'il observera; il relatera surtout les dires de l'acquéreur et du vendeur relativement à l'essai lors de la vente, et il laissera au tribunal à statuer si la boiterie rentre dans celles prévues par la loi. Si le tribunal veut avoir l'avis de l'expert, il renverra les parties une seconde fois devant lui, et au lieu d'un simple procès-verbal de visite, il lui demandera un rapport : alors le vétérinaire deviendra arbitre. (Voyez, ci-après, *Arbitres-rapporteurs,* chap. XI.)

MM. *Galisset* et *Mignon* sont de l'opinion qu'il doit y avoir toujours lieu à rédhibition, que l'acheteur ait essayé ou non l'animal au service pendant lequel il boite. Ils se fondent sur ce que la loi a dit simplement : *Boiterie intermittente pour cause de vieux mal.* Selon eux, il y a boiterie intermittente; elle est de vieux mal. L'acheteur a pu être trompé, donc il y a lieu à l'action rédhibitoire.

Quatrième espèce de boiterie.

Les boiteries alternatives, c'est-à-dire les boiteries à chaud ou à froid, sont quelquefois dues à des défauts visibles dont l'acheteur a pu se convaincre. Ainsi une boiterie, soit à froid, soit à chaud, est due souvent ou à un suros placé sur le canon près les tendons, ou à un jarret cerclé, ruiné, etc. Ce cas a été le sujet de contestations, et le vendeur a prétendu que, puisque la cause était apparente, le vice ne devait pas être placé au nombre des vices rédhibitoires. Comme tout jarret malade, comme tout suros ne sont pas cause de boiterie; ou autrement, comme la boiterie n'est pas une conséquence invariable de ces défauts ou de tout autre semblable; comme, par cette raison, l'acheteur peut fort bien consentir à acheter un cheval avec un jarret un peu malade ou avec un suros, et qu'il ne veuille pas l'acheter avec une boiterie (1); comme aussi il faut se connaître en chevaux pour reconnaître des articulations qui sont malades d'une manière grave, il semble, dans

---

(1) Tous les jours, c'est le cas dans le commerce des chevaux de trait.

l'intérêt de la garantie, que toutes ces boiteries, *dès qu'elles ont pu disparaître momentanément par le repos et par des soins pour reparaître ensuite*, devraient donner lieu à la rédhibition; MM. Galisset et Mignon sont aussi de cette opinion. Le plus souvent, les tribunaux ont prononcé la résiliation; quelquefois cependant ils ont sanctionné le marché. La forme peut-être a emporté le fond.

Dans ce cas encore, l'expert demandera que l'animal soit mis en fourrière; il l'examinera à des intervalles différents, et, quand il sera bien convaincu de la nature et de la cause de la boiterie, il expliquera clairement, dans son procès-verbal, ce qui existe, ce qu'il a fait, ce qui en est résulté, et il laissera le tribunal prononcer sur la rédhibition, à moins que le tribunal ne lui ait demandé de se prononcer. (Voyez, chapitre XII, les procès-verbaux, n°s 4 et 5.)

Cinquième espèce de boiterie.

Les maladies du sabot anciennes, et qui donnent lieu souvent à des boiteries momentanées, peuvent être cachées par la ferrure. De pareilles maladies mettent tout naturellement l'animal qui en est atteint dans le cas de l'article 1er de la loi, puisqu'elles déprécient beaucoup l'animal; nous en citerons deux exemples :

1° M. Deshon, Anglais, avait acheté d'un marchand de Paris, en décembre 1823, une jument de selle; il l'essaya assez vigoureusement le lendemain de l'achat, et, en rentrant, il crut s'apercevoir qu'elle boitait légèment de l'extrémité antérieure gauche; le surlendemain, dans certains moments, la bête boitait manifestement; elle ne boitait pas dans d'autres. L'extrémité malade explorée ne présentait rien, et la manière dont l'animal boitait indiquait que la boiterie était dans le pied; cependant il n'était pas plus chaud que l'autre et paraissait très-sain : on le sonda avec les tricoises, et on reconnut de la douleur dans le quartier interne; on le fit déferrer, et on trouva, le fer étant enlevé, que la sole était désunie de la paroi dans une longueur de 4 à 5 centimètres; ce qui formait un vide de quelques millimètres de largeur et de profondeur. Une légère pression sur la solde à cet endroit occasionnait de la douleur; le quartier, par l'action de déferrer, était devenu chaud et plus douloureux. Cette cavité paraissait être la suite d'une ancienne suppuration, elle était évidemment antérieure à la vente, cachée au moment du marché, elle était la cause de la boiterie; elle dépréciait beaucoup la jument: si pareil cas se représentait, nous n'hésiterions pas à prononcer que cet accident met l'animal dans le cas de boiterie intermittente de vieux mal.

2° Une personne avait acheté un fort et beau cheval de trait. Les pieds étant vieux ferrés, et les fers couverts et longs en talons, cette personne voulut, deux ou trois jours après l'achat, faire ferrer l'animal. Le maréchal, en déferrant un des pieds de derrière, trouva, à l'un des talons, l'ulcère nommé vulgairement *crapaud* (1).

Le cheval ne boitait pas, et le fer couvrait tellement bien la place du crapaud qui était au talon, et qui commençait à désunir la muraille d'avec la sole dans un espace de 5 centimètres environ, qu'on n'apercevait rien. Le fer enlevé, la plaie présentait ces végétations cornées, filamenteuses, et laissait échapper cet ichor putride, qui distinguent particulièrement l'ulcère; ce n'était qu'en regardant bien attentivement le pied extérieurement qu'on s'apercevait qu'il était un peu plus volumineux que l'autre. M. Huzard n'hésita pas encore à placer un accident pareil dans le cas de boiterie intermittente de vieux mal.

Nous aurions pu ne pas faire une espèce à part de ces sortes de boiteries qui rentrent évidemment dans la deuxième ou dans la première espèce, suivant que l'animal boite

---

(1) C'est un ulcère chronique qui attaque la corne du pied, et qui est fort difficile à guérir.

à chaud, ou bien plus rarement à froid. Mais à cause de la circonstance de la ferrure qui peut les cacher momentanément à la personne même la plus instruite en fait de maladies du cheval, comme aussi il ne s'agit point ici d'un cours d'hippiatrique, nous avons cru devoir maintenir la distinction faite dans la première édition.

PARAGRAPHE II.

VICES RÉDHIBITOIRES POUR L'ESPÈCE BOVINE.

Phthisie pulmonaire ou pommelière.

Les mots réunis *phthisie pulmonaire* indiquent l'état fâcheux de dépérissement dans lequel se trouve un animal qui a une maladie ancienne organique des organes pulmonaires : or les organes pulmonaires sont de chaque côté de la poitrine, le poumon recouvert de la plèvre. Il arrive quelquefois que la plèvre seule est affectée ; d'autres fois, que c'est le poumon seul ; le plus souvent, pour ne pas dire toujours, qu'ils sont tous les deux plus ou moins malades en même temps. Enfin on voit très-souvent encore que les deux côtés de la poitrine sont simultanément malades à des degrés différents.

Les désordres qui se montrent à l'ouverture des animaux affectés sont différents suivant que ce sont les poumons ou les plèvres qui ont été le siége de la maladie ; mais lorsque ce sont les poumons qui ont été malades, il est rare, dans l'espèce bovine, qu'il n'y ait pas des tubercules calcaires en plus ou moins grand nombre.

Les animaux atteints de phthisie pulmonaire, n'arrivent pas rapidement, et dans un état maladif toujours apparent, au terme de leur vie ; et il est beaucoup d'animaux, pour ne pas dire tous, dans l'espèce bovine surtout, qui pendant sa durée paraissent être, pour un temps plus ou moins long, dans un état satisfaisant de santé, au moins pour des yeux peu exercés ; un homme instruit même, quand il voit l'animal momentanément, dans une foire surtout, peut être trompé sur l'état du sujet. Or, comme aucun vice ne déprécie plus l'animal, que ce soit un bœuf de travail ou une vache destinée à donner du lait ou des veaux, la phthisie pulmonaire a été à juste raison placée au nombre des vices rédhibitoires.

Une question s'est agitée depuis la loi, celle de savoir si celle-ci, en ajoutant aux mots *la phthisie pulmonaire* les mots *ou pommelière*, n'avait pas voulu spécifier, pour l'espèce bovine, une sorte particulière de phthisie pulmonaire, celle, par exemple, qui ne se montre que par des tubercules calcaires dans les poumons ; mais quand on approfondit la question, elle cesse d'en être une, par les raisons suivantes. Comme, dans le très-grand nombre des cas, il n'est pas facile de reconnaître la présence des tubercules calcaires dans les poumons pendant la vie de l'animal, le législateur aurait placé l'expert chargé de constater l'existence de la maladie, dans la singulière position de ne pouvoir prononcer sans risquer de se tromper ; ce qui aurait été une absurdité. La loi n'a pu vouloir cela. Une autre raison, c'est que le nom de *pommelière*, s'il a été donné à la phthisie pulmonaire de l'espèce bovine par certains individus pour indiquer la présence des tubercules calcaires dans les poumons, n'a pas eu cette spécification chez la plupart de ceux qui s'en servaient, qui ignoraient qu'il pouvait y avoir plusieurs lésions dans l'animal attaqué de phthisie pulmonaire et qui disaient que leur bœuf ou leur vache était attaqué *de pommelière*, toutes les fois qu'ils voyaient la consomption, la maigreur résulter d'une affection ancienne et bien caractérisée de la poitrine, qu'il y eût ou qu'il n'y eût pas dans la poitrine des tubercules calcaires. Une troisième raison, c'est qu'au moment où la loi a été faite, tous les vétérinaires savaient que, par le nom de pommelière, le vulgaire entendait toutes les phthisies pulmonaires de l'espèce bovine, quelles que fussent les lésions du poumon ou de la plèvre qu'on trouvait à l'ouverture des animaux. Les vétérinaires qui faisaient partie de la commission qui a élaboré la loi, n'auraient certainement pas manqué de faire supprimer le mot *pommelière,* s'ils n'avaient pas pensé qu'on dût le regarder comme synonyme seulement du mot *phthisie pulmonaire;* évidemment, si la commission avait voulu mettre au nombre des vices rédhibitoires la phthisie pulmonaire tuberculeuse exclusivement, elle aurait désigné le vice par ce nom, et n'aurait pas dit d'une manière générale la phthisie pulmonaire. C'est donc la phthisie provenant d'une affection ancienne, soit du poumon, soit de l'enveloppe extérieure du poumon ou de la plèvre, qui constitue le vice rédhibitoire, qu'il y ait ou qu'il n'y ait pas présence de tubercules calcaires. Toutes les vieilles pleurésies, les vieilles pneumonies, les vieilles pleuropneumonies constituent donc la phthisie pulmonaire, suivant la loi.

Cela bien entendu, venons à la manière de constater le vice.

Si, pendant que la phthisie pulmonaire marche à une terminaison funeste, il y a beaucoup d'instants où l'animal paraît en santé, il est des instants aussi où la maladie aiguë reparaît; ou, en d'autres termes, des instants où il y a des symptômes de maladie aiguë des organes pulmonaires. Nous dirons même ici que ce sont presque toujours ces redoublements aigus qui, arrivant dans le temps de la garantie, viennent avertir l'acheteur qu'il a pu acheter sans s'en apercevoir au moment de la vente un animal phthisique.

L'expert peut donc être appelé à constater le vice, soit lorsqu'il y a un mouvement de recrudescence de la maladie, soit lorsque la maladie existant, l'animal paraît en assez bon état de santé. Son expertise ne sera cependant pas très-difficile dans la plupart des cas.

S'il est appelé lorsque la bête a tous les symptômes d'une affection de poitrine aiguë, il demandera qu'elle soit mise en fourrière et traitée convenablement, et se trouvera alors placé dans les alternatives suivantes : si la bête succombe, l'ouverture lui démontrera la nature de l'affection (voyez plus loin à ce sujet nos observations sur l'article 7 de la loi), et il ne sera pas embarrassé de dire, d'après les lésions cadavériques, si la bête est morte des suites de la phthisie pulmonaire, ou si elle a succombé à toute autre maladie (car nous supposons que les tribunaux prendront toujours exclusivement pour experts, des vétérinaires brevetés par les seules écoles royales vétérinaires); si au contraire la bête guérit de la maladie de poitrine aiguë, les symptômes de la phthisie pulmonaire chronique se remontreront clairement à mesure que les symptômes d'acuité disparaîtront, et il ne faudra pas beaucoup de temps pour prononcer un jugement certain; il est même souvent un aspect particulier, un certain *facies* qui dénote une phthisie pulmonaire ancienne au milieu des symptômes d'une maladie récente, ou d'une recrudescence aiguë de la maladie; ainsi la *sécheresse et l'adhérence très-forte* de la peau, la nature grumeleuse du mucus qui s'échappe des naseaux, la nature de la toux qui est sèche, quinteuse, un état de maigreur et de faiblesse peu en harmonie avec le régime, avec l'âge, un certain rhythme normal des autres fonctions et qui ne cadre aucunement avec l'intensité des symptômes maladifs dont la poitrine est le siége, dénotent la phthisie pulmonaire ancienne à des yeux exercés.

Si au contraire l'expert est appelé pour prononcer sur une phthisie pulmonaire se montrant sans caractère d'acuité, sans complication de maladie de poitrine ayant tous les caractères d'une maladie récente, alors il reconnaîtra la maladie à une petite toux sèche, fréquente par petits accès : le poil est le plus souvent sec, terne; la peau est adhérente aux côtes, beaucoup plus qu'aux autres parties du corps : la respiration est pénible aussitôt que l'animal exécute quelques mouvements; les naseaux sont presque constamment dilatés; il s'en écoule un mucus plus abondant que dans l'état de santé et qui est plus épais, plus trouble : dans quelques animaux au contraire, la muqueuse nasale est plus sèche : enfin s'il se joint à ces premiers signes une certaine maigreur; si un des côtés de la poitrine est plus douloureux que l'autre, ou si un des côtés manifeste de la douleur dans quelques-uns de ses points;

enfin si l'état de l'animal bien exploré, ne laisse voir aucune trace de maladie aiguë ou chronique, il n'y a presque pas à douter que cet animal ne soit attaqué de phthisie pulmonaire.

Nous savons que l'animal attaqué d'une phthisie pulmonaire *qui ne fait que commencer*, peut aussi être attaqué d'une affection aiguë de la poitrine dans le temps légal de la garantie; et qu'il peut arriver, dans ce cas, qu'une fois la maladie aiguë passée il n'y ait aucun moyen pour l'expert de reconnaître le commencement de la phthisie pulmonaire; il déclarera alors qu'il n'y a pas de phthisie pulmonaire, il ne peut faire autrement. C'est un mal il est vrai, mais c'est un mal auquel il n'y a pas de remède; mieux vaut cette prompte décision qu'une solution qui entraînerait les parties dans des frais hors de toute compensation avec l'importance des intérêts qui pourront être lésés.

Si l'expert avait quelques craintes de se tromper en prononçant qu'il n'y a pas phthisie pulmonaire, c'est que la maladie ne serait qu'à son début, et alors, en conseillant d'engraisser l'animal pour la boucherie, il préviendrait peut-être, s'il était écouté, la perte que l'acheteur pourrait éprouver, par suite de l'erreur commise. Quand il s'agit d'animaux de l'espèce bovine, les acheteurs qui croient s'être trompés dans leur achat et avoir droit à un recours en garantie préfèrent même souvent, et très-sagement, employer ce moyen de se tirer d'affaire, que d'avoir recours à l'action en garantie.

L'épilepsie ou mal caduc.

Les mêmes considérations qui ont fait placer l'épilepsie au nombre des vices rédhibitoires pour le cheval l'ont fait placer pour le bœuf. Les mêmes symptômes à peu près annoncent la maladie : mais pour celui-ci, l'acheteur a peut-être une autre marche plus simple à suivre que de former une demande en garantie, c'est d'engraisser l'animal et de le vendre au boucher : il n'aura ainsi aucun des soins désagréables et aucuns des frais du procès. Les consommateurs de viande peuvent, de leur côté, être tranquilles sur cette nourriture; jamais elle n'a fait aucun mal. L'acheteur verra donc s'il doit ou ne doit pas intenter un procès.

S'il met en ligne de compte tous les embarras qui en ressortiront pour lui; s'il a à fournir au tribunal les preuves évidentes que l'animal est attaqué d'épilepsie; s'il est obligé, sous ce rapport, ou d'attendre que l'expert ait pu se convaincre de l'existence de la maladie, ou de demander une enquête, alors il ne balancera plus à laisser de côté le droit que lui donne la loi; il engraissera l'animal, et s'en débarrassera aussitôt que celui-ci commencera à être bon pour la boucherie; il n'attendra même pas que la bête soit dans le meilleur état possible, dans la crainte qu'une nouvelle attaque, vienne détruire tout le bon effet de l'engraissement obtenu : il vendra l'animal aussitôt qu'il sera en état d'être vendu.

Les suites de la non-délivrance après le part chez le vendeur.

Les marchands de vaches garantissent toujours verbalement que les vaches qui sont fraîches vêlées ont bien délivré, ou bien que la délivrance se fera bien et n'aura aucune suite; ils garantissent donc toujours une bonne délivrance. La loi, en mettant *les suites de la non-délivrance après le part chez le vendeur* au nombre des vices rédhibitoires, n'a fait que consacrer un ancien usage de quelques localités; et cela avec d'autant plus de raison, que le vendeur qui a aidé la vache à mettre bas, s'est livré, souvent à ce sujet, à des actes inconsidérés, tout à fait contraires à ce que la bonne chirurgie indique de faire, et qui sont alors la cause des accidents qui suivent le part; seulement elle a rendu le droit plus juste, et l'application plus facile, en spécifiant qu'il n'y avait de garantie que pour les suites du part antérieur à la vente et arrivé chez le vendeur.

Mais résulte-t-il des mots inscrits dans la loi qu'il faut, pour que les suites du part arrivé chez le vendeur soient à la charge de celui-ci, que la délivrance ou la sortie des membranes du fœtus n'ait pas été opérée avant la vente? nous ne le pensons pas. Ainsi, une vache fraîche vêlée non délivrée, si elle perdait son lait parce que la sortie du délivre aurait été maladive, serait dans le cas de la rédhibition quoiqu'elle pût avoir encore presque toute sa valeur première, tandis qu'une vache fraîche vêlée chez le vendeur, et qui, chez l'acheteur viendrait à tomber dans le marasme des suites du part, ne serait pas dans le cas de la loi, parce qu'on ne pourrait pas constater d'une manière certaine qu'au moment de la vente il restait dans la matrice quelques portions des membranes du fœtus! cela n'est pas rationnel, n'est pas conséquent.

Pour nous la loi a donc garanti plus que les suites de la non-délivrance après le part chez le vendeur, elle a garanti les suites du part arrivé chez ce dernier, et elle s'est servie des mots, *les suites de la non-délivrance après le part chez le vendeur*, parce qu'en effet la non-délivrance chez la vache est presque toujours la cause des suites fâcheuses du part, ou une suite d'un part prématuré et maladif. Heureusement que le cas où il ne restera pas dans la matrice de légères portions du délivre sera rare, et que l'expert ne sera peut-être jamais appelé dans un cas semblable. S'il s'y trouvait cependant placé, nous pensons que, nonobstant notre opinion personnelle, il ferait bien, après avoir exposé l'état où il aurait trouvé l'animal, de ne point émettre d'avis sur la résiliation du marché et de laisser au tribunal à juger s'il y a lieu à faire l'application de la loi.

En général, quand le vétérinaire sera appelé comme expert dans les différents cas dont nous venons de parler, il ne devra pas se presser de conclure. Si l'animal n'est pas très-malade, il pourra arriver qu'avec des soins bien entendus, le délivre sorte en totalité au bout de deux ou trois jours, et que la vache recouvre rapidement la santé et une sécrétion de lait convenable.

Dans le cas d'une affection qui ne paraîtrait pas très-grave, l'expert fera même bien de mettre quelques jours à son expertise. Si, au contraire, la position de la bête est inquiétante, si des débris de membranes exhalant de la mauvaise odeur, sortent de la vulve, si seulement des liquides fétides s'en écoulent, s'il y a perte complète du lait, amaigrissement, si, en peu de mots, tout fait présumer une convalescence longue, difficile, il y aura lieu à prononcer que la vache se trouve dans le cas prévu par la loi. Mais, nous le répétons, même dans ce cas, encore deux ou trois jours pour former son pronostic pourront être utiles à l'expert, ou au moins lui donner plus d'assurance dans son jugement.

Car les motifs de la loi ont en vain dit que celle-ci était faite pour retirer à des experts plus ou moins habiles, plus ou moins consciencieux l'appréciation du cas rédhibitoire : en laissant à ceux-ci, et il n'était pas possible de faire autrement, l'appréciation de l'existence du vice, elle a implicitement donné l'appréciation du cas rédhibitoire lui-même : en effet, le législateur, en mettant au nombre des vices rédhibitoires *les suites de la non-délivrance après le part chez le vendeur*, a voulu désigner les suites fâcheuses, nuisibles aux intérêts du vendeur ; or qui apprécie ces suites fâcheuses? qui peut dire si elles sont assez graves pour placer l'animal dans le cas de la rédhibition ? C'est l'expert indubitablement ; c'est donc lui qui, en fait, apprécie le cas rédhibitoire.

Mais revenons à notre sujet.

Si la vache a été achetée pleine, l'acheteur a couru, de droit, les chances de la bonne ou mauvaise délivrance de la vache, et le vendeur ne doit plus en être garant.

Le renversement du vagin ou de l'utérus après le part chez le vendeur.

Le renversement du vagin et même celui de l'utérus, sont des suites accidentelles et maladives très-graves du part, et qui entraînent parfois la perte de l'animal. L'un ou l'autre accident peut dans beaucoup de cas être caché au moment de la vente.

Comme aussi il arrive souvent que ces renversements sont la suite des mauvaises manœuvres opératoires qu'on pratique au moment du part, il était juste que ces manœuvres tombassent à la charge de celui qui les pratiquait.

Donc, quand, à la suite du part arrivé chez le vendeur, la chute du vagin ou de l'utérus se montre, c'est à la charge du vendeur : au contraire, quand le part a eu lieu chez l'acheteur, c'est lui, acheteur, qui doit en supporter toutes les suites.

Ce cas rentre d'ailleurs tout à fait dans le précédent comme point de droit. L'acheteur, en achetant une vache pleine, se soumet à tous les risques que le part fait courir à l'animal; c'est à lui à ne pas acheter s'il veut se soustraire à ces risques, ou à exiger une garantie écrite de ces risques.

L'expert, au reste, n'a ordinairement

pas beaucoup de peine à constater le fait. Dans certaines positions de l'animal, il voit sortir de la vulve une masse plus ou moins grosse, rougeâtre ; c'est ordinairement quand la bête se couche que cette masse apparaît ; elle rentre quand l'animal se relève ; dans les commencements, l'accident est donc intermittent, suivant la position de l'animal. Si on ne porte pas remède à l'accident, petit à petit la masse rougeâtre augmente de volume, et à un certain degré de grosseur, ou d'ancienneté de l'accident, elle reste en dehors ; la membrane du vagin retournée est d'un rouge foncé, et assez souvent on voit sur un point l'ouverture de la matrice ; quelquefois le vagin en se renversant a pris une position oblique, telle que le museau de tanche reste caché en dedans de la vulve. Quand c'est l'utérus qui s'est renversé et qui apparaît au dehors à travers le vagin et la vulve, l'accident est beaucoup plus grave, la masse qui s'échappe est plus grosse, beaucoup plus irrégulière ; si la vache est fraîche vêlée, on remarque quelquefois des cotylédons sur la muqueuse : alors on reconnait de suite la nature de l'affection. Dans tous les cas, toutes les fois qu'une masse charnue se présente en dehors de la vulve, d'une manière intermittente ou non, dans une vache fraîche vêlée, il y a au moins descente du vagin et renversement de celui-ci; il y a donc lieu à rédhibition, si l'acheteur s'est mis en mesure dans le temps de la garantie; à plus forte raison quand c'est l'utérus qui est renversé.

On a pensé qu'un acheteur qui aurait acheté une vache pleine et chez lequel l'accouchement de la vache se serait effectué, pourrait dire que la vache avait vêlé avant l'achat. Jamais un cas semblable ne s'est présenté et ne se présentera; il serait trop facile de découvrir la vérité.

On a demandé si l'accident étant la suite d'un part ou accouchement ancien, était rédhibitoire, aussi bien que lorsque le part était de fraîche date. La loi n'ayant pas fait de distinction à cet égard, le renversement du vagin ou de l'utérus, soit qu'il soit ancien, soit qu'il soit nouveau, se trouve dans le cas rédhibitoire, quand il se manifeste dans le temps de la garantie et qu'il n'est pas la suite du part effectué chez l'acheteur. Cet accident pouvant rendre la vache infertile, pouvant même occasionner tout à coup sa mort, il est très-probable que l'acheteur n'aurait pas acquis la vache, s'il avait connu le vice dont elle était atteinte. Que ce vice soit la suite d'un part nouveau ou ancien, il rentre donc dans le cas prévu par l'art. 1641 du code, et c'est sous ce rapport surtout, que le législateur l'a placé au nombre des vices rédhibitoires.

On a demandé encore si le renversement du vagin ou de l'utérus par toute autre cause que par le part devrait donner lieu à la rédhibition ; d'abord la loi est positive, c'est le renversement occasionné par le part qui est seul rédhibitoire. La difficulté pour l'expert serait de savoir quelle est la cause du renversement. Or la médecine vétérinaire n'a pas encore d'exemple connu de renversement du vagin ou de l'utérus dans la vache, occasionné par d'autres causes que par le part.

La position horizontale du corps fait que les intestins ne posent pas sur le bassin et ne tendent pas, comme dans la femme, à chasser, dans des cas maladifs, dehors du bassin, les organes qui y sont contenus.

L'expert, appelé à constater un renversement de vagin ou de l'utérus intermittent, aura bientôt reconnu l'accident, en examinant l'animal à diverses reprises, surtout lorsqu'il se couchera et lorsqu'on aura pris la précaution de le forcer à se coucher, sur un sol en pente, et de manière que la partie antérieure du corps soit beaucoup plus élevée que la partie postérieure.

PARAGRAPHE III.

VICES RÉDHIBITOIRES POUR L'ESPÈCE OVINE.

La clavelée : cette maladie reconnue chez un seul animal entraînera la rédhibition de tout le troupeau. La rédhibition n'aura lieu que si le troupeau porte la marque du vendeur.

La clavelée, dite aussi claveau, picote, clavelade, petite vérole, est, chez la bête ovine, une maladie qui ressemble à la petite vérole chez l'homme. Elle est, comme celle-ci, extrêmement contagieuse, et souvent mortelle. Elle se manifeste par une fièvre plus ou moins intense, et ensuite par une éruption de boutons à auréole circonscrite, mais irrégulière; les boutons s'ulcèrent rapidement et forment de petites plaies vives et d'un mauvais aspect; ils laissent alors échapper un ichor qui se dessèche rapidement et forme des croûtes. C'est principalement à la tête, autour des yeux, des naseaux, des lèvres, que ces espèces d'ulcérations boutonneuses se manifestent. Elles se trouvent ensuite, mais en moins grand nombre, sur les parties non garnies de laine, telles que les ars antérieurs, les ars postérieurs, le plat des cuisses, le dessous du ventre, et enfin les autres parties du corps couvertes de laine; mais elles y sont encore moins nombreuses. La peau, dans les parties malades, est plus épaisse; elle est très-adhérente; elle est rougeâtre, comme marbrée de petites taches, elle est douloureuse.

La clavelée, quand elle est très-intense, se

manifeste, presque aussitôt l'invasion, par le malaise des animaux; et la personne qui aura, par accident, acheté des bêtes claveleuses, les reconnaîtra facilement, deux ou trois jours après l'achat, à la tristesse, au défaut d'appétit, à la nonchalance et aussi déjà à l'engorgement de la peau et à sa rougeur, à sa rigidité, à sa sensibilité aux endroits que nous venons d'indiquer; déjà même on pourra y apercevoir le commencement des boutons. Mais il est des circonstances où la maladie ne se développe pas avec beaucoup d'acuité : les boutons claveleux sont peu abondants, très-petits, quelquefois ils ne sont point à la tête, mais sur d'autres parties du corps. S'il n'y a, d'abord, qu'un ou deux animaux malades, ils peuvent alors échapper inaperçus au milieu des autres, tandis que plus tard, après le temps de la garantie passé, la maladie peut sévir avec plus d'intensité sur les animaux qui n'auraient pas été attaqués dans le commencement, et former dans la marche et la durée de la maladie une seconde période beaucoup plus meurtrière que la première. C'est même presque toujours ce qui arrive. Quand le claveau se manifeste, ce n'est d'abord que sur un petit nombre d'animaux, soit qu'il sévisse avec violence, soit que les symptômes n'aient que peu de gravité; on peut dire que c'est une première période : mais lorsque les premiers animaux malades commencent à aller mieux, lorsqu'ils se rétablissent, c'est alors que la masse du troupeau tombe malade, que le plus grand nombre est affecté. Après cette seconde période passée, c'est le tour des animaux les plus rebelles à l'infection et à la contagion; c'est la dernière période, celle de décroissance. La maladie étant extrêmement contagieuse, elle se communiquera indubitablement à ceux que l'acheteur possédait avant la vente, et qui se trouveront dans la même ferme. Malgré tout le soin qu'il pourrait avoir d'empêcher toute communication, la contagion aura toujours lieu d'une manière ou d'autre, et souvent sans qu'on puisse savoir comment; c'est donc avec juste raison que cette maladie a été placée au nombre des vices rédhibitoires.

La personne qui a vu le claveau le reconnaîtra assez facilement ; mais celle qui ne l'aurait pas vu pourrait s'y tromper. Ainsi il est une éruption boutonneuse, ulcéreuse même, autour du museau, qui simule un peu le claveau, on l'a appelée *noir museau :* ainsi nous avons été invités à nous rendre auprès de Melun pour un troupeau qui, disait-on, avait le claveau, et sur lequel il n'y avait qu'une éruption de petits boutons qui n'était point le claveau. Mais, lorsque la maladie sévit avec force, il n'y a pas lieu à se tromper. Si donc l'acheteur d'un lot de moutons remarquait une éruption boutonneuse sur les animaux achetés, il devrait les faire visiter de suite par un vétérinaire au fait de la maladie.

Le claveau étant très-contagieux, il était juste, dès qu'il se manifestait sur un individu, que ceux qui l'accompagnaient et qui étaient vendus en même temps, se trouvassent dans le cas de la garantie.

Mais si le législateur, en plaçant le claveau dans le cas de la rédhibition, a fait un acte d'équité envers l'acheteur, il n'a pas voulu qu'un acheteur qui aurait le claveau chez lui et qui ne s'en douterait pas, vînt donner le claveau à des animaux qu'il aurait nouvellement achetés, et ensuite les faire reprendre par le vendeur, dans la croyance où il pourrait être que ce sont les animaux de celui-ci qui ont apporté la maladie. C'est pour cela, nous le présumons au moins, que le législateur a voulu, pour qu'il y ait rédhibition, que le troupeau acheté portât la marque du vendeur. De cette manière, il est facile, quand les animaux nouvellement achetés sont mêlés avec les autres, de voir quels sont ceux chez lesquels le claveau apparaît en premier lieu.

Comme la loi exempte le vendeur de la rédhibition, si les moutons ne sont pas marqués à sa marque, c'est à l'acheteur, qui peut craindre l'introduction du claveau dans son troupeau, par un lot de bêtes étrangères, à exiger que ces bêtes soient marquées de la marque du vendeur.

Depuis la promulgation de la loi, on a soulevé la question de savoir, si des animaux nouvellement guéris du claveau, et portant par exemple des traces encore récentes des boutons claveleux, portant encore quelques croûtes sèches de ces boutons, devaient donner lieu à la rédhibition. Nous ne prétendons pas donner la solution de la question : nous n'émettons qu'une opinion à cet égard. Sans crainte de se tromper, on peut dire que la loi a placé la maladie au nombre des vices rédhibitoires, principalement parce qu'elle était contagieuse. Le claveau guéri n'est donc rédhibitoire, selon nous, que s'il peut communiquer, que s'il communique réellement la maladie ; nous pensons donc qu'une personne qui aura acheté des bêtes à laine et qui s'apercevra qu'elles sont récemment guéries du claveau, devra se mettre légalement en mesure de faire reprendre les animaux ; c'est une mesure préservatrice de ses intérêts, dans la crainte que le claveau ne se montre, après la garantie expirée, sur les bêtes qui, parmi celles achetées, pourraient n'avoir point eu le claveau. Si celui-ci se déclare sur ces dernières bêtes, pour nous il n'y a pas de doute que, dans l'équité et dans l'esprit de la loi, il n'y ait lieu à rédhibition.

Plus loin, il s'agira de la question des dommages-intérêts, pour dommages produits par suite de vente d'animaux attaqués de maladies contagieuses.

Le sang-de-rate : cette maladie n'entraînera la rédhibition du troupeau qu'autant que, dans le délai de la garantie, sa perte constatée s'élèvera au 15ᵉ au moins des animaux achetés. — Dans ce dernier cas, la rédhibition n'aura lieu également que si le troupeau porte la marque du vendeur.

En mettant le sang-de-rate au nombre des vices rédhibitoires, pendant une durée de garantie de neuf jours, on a diminué les chances défavorables que le vendeur pouvait courir en vendant des animaux à un cultivateur qui possédait des champs où, à certaines saisons de l'année, les moutons étaient sujets à mourir de cette maladie. De plus, en fixant au moins à un 15ᵉ la perte, pour qu'il y ait lieu à la rédhibition de tout le lot vendu, on a encore diminué les chances défavorables du vendeur.

Mais la loi aurait dû dire qu'il n'y aurait pas de rédhibition pour les cultivateurs dont les terres étaient reconnues pour donner le sang-de-rate, car la loi ne fera pas que, d'un troupeau vendu par moitié, l'une de ces moitiés, conduite sur certains pâturages, ne voie plus d'un 15ᵉ des animaux mourir dans les neuf jours de la garantie, tandis que l'autre moitié, conduite sur d'autres pâturages, ne perdra peut-être pas un animal de cette maladie.

La clause de la marque du vendeur est, comme dans le cas de claveau, une prescription avantageuse dans l'intérêt d'une bonne justice distributive. — C'est à l'acheteur à exiger que cette clause soit remplie, s'il ne veut pas perdre son recours en garantie.

Comme le sang-de-rate, *commercialement parlant*, n'est pas, ainsi que le claveau, une maladie sur laquelle on s'entend parfaitement; comme la science n'est même pas encore bien fixée sur cette maladie, nous croyons devoir dans cet article dire un mot des phénomènes qu'on appelle de ce nom.

Les animaux cessent presque tout à coup de manger, de marcher; ils baissent la tête et tombent; les flancs battent d'une manière extraordinaire, comme cela a lieu à l'approche d'une mort violente. De la bave s'écoule de la bouche; souvent du sang s'échappe des naseaux, ou avec les urines ou avec les excréments; des mouvements convulsifs surviennent dans tout le corps, et l'animal ne tarde pas à mourir; rarement il languit quelques jours; aucun traitement curatif ne peut être regardé comme efficace, et les animaux attaqués meurent.

C'est sur ceux qui paraissent en meilleur état qu'elle se manifeste ordinairement d'abord, et il n'y a pas de signe précurseur bien apparent qui puisse l'indiquer quelque temps à l'avance. Il est donc facile de vendre un lot, même un troupeau de bêtes à laine dans lequel elle commence à sévir, sans que l'acheteur puisse se douter en aucune façon qu'elle y existe : on l'a vue détruire jusqu'aux quatre cinquièmes d'un troupeau.

Maintenant, qu'est-ce que le sang-de-rate dans l'état de la science ? Les uns pensent que c'est une simple irruption ou congestion sanguine instantanée, dans des organes déjà affaiblis depuis longtemps par des causes diverses, dans la rate et dans la membrane muqueuse intestinale spécialement ; — les autres, que c'est une affection charbonneuse rapide, et on trouve quelques faits à l'appui de la contagion de la maladie. — Enfin quelques-uns ont pensé que certains gaz délétères qui se développaient tout à coup dans le rumen, en réagissant subitement sur le système nerveux, à la manière de certains poisons, tuaient instantanément les animaux. Peut-être ces trois cas différents sont-ils appelés du même nom et confondus.

A l'ouverture, on trouve des congestions sanguines ou sur la rate, ou sur le foie, ou sur les reins, ou sur quelques points de la muqueuse intestinale, ou même sur les poumons et sur quelques points du système cérèbro-spinal. Enfin, suivant des vétérinaires, mais dans quelques cas seulement, les signes cadavériques sont si légers, qu'ils ne donnent pas une raison suffisante de la mort, et que rien n'en explique la rapidité.

De quelle manière le vétérinaire appelé comme expert, constatera-t-il que c'est bien la maladie que le législateur a voulu désigner par le sang-de-rate, qui atteint le troupeau ? Nous partageons à cet égard l'opinion de MM. Mignon et Galisset ; nous pensons que c'est par l'ouverture des cadavres seulement : comme dans un pareil cas, il arrivera toujours que plusieurs animaux mourront, il est presque impossible que dans l'un ou l'autre de ces animaux l'expert ne trouve pas une lésion de la rate qui puisse lui faire conclure que la mort est bien la suite du sang-de-rate. Mais faut-il que, dans tous les animaux morts, la rate soit spécialement le siége de la maladie? Nous ne le pensons pas, d'après ce que nous avons dit et ce qui est réel, que dans un certain nombre d'animaux le siége de l'irruption sanguine est sur d'autres organes que sur la rate ; pour nous, il suffira, pour dire que c'est le sang-de-rate qui sévit sur le troupeau, que la lésion de la rate soit bien constatée sur un ou deux animaux morts.

Le cultivateur qui aura eu le malheur d'acheter un lot de bêtes attaquées du sang-de-rate, devra donc se garder de détruire les premières bêtes qui succomberont ; il devra, tout en prenant les mesures nécessaires pour ne pas perdre son recours en garantie, accélérer autant que possible la nomination légale de l'expert chargé de constater le vice, et conserver le corps des animaux morts pour les soumettre à son inspection. Pour arrêter la putréfaction, il les placera, si c'est dans la belle saison, dans les locaux les plus froids qui seront à sa proximité. Il est peut-être bon de dire ici que l'acheteur devra encore conserver les peaux des animaux morts, et que l'expert, dans son procès-verbal d'expertise, devra bien décrire la marque qui se trouvera sur les animaux, afin qu'aucun doute ne s'élève sur l'identité des animaux vendus et morts. Heureusement, ce cas se présentera rarement devant les tribunaux.

PARAGRAPHE IV.

VICES BÉDHIBITOIRES EN CAS DE MORT DE L'ANIMAL.

(*Art. 7 de la loi du 20 mai* 1838.)

« Si, pendant la durée des délais fixés par
« l'article 3, l'animal vient à périr, le ven-
« deur ne sera pas tenu de la garantie, à
« moins que l'acheteur ne prouve que la
« perte de l'animal provient de l'une des ma-
« ladies spécifiées dans l'article 1er. »

L'article 7 de la loi n'est qu'une conséquence rigoureuse de l'article 1er; il était, en
effet, tout naturel qu'un vice étant rédhibitoire, la mort, qui était la suite de ce vice,
donnât aussi lieu à la rédhibition.

Si donc la personne qui a acheté un animal le voit mourir, ou même si elle le voit en
danger de mort, dans les délais que la loi lui
accorde pour se mettre en mesure de former

une demande en rédhibition, elle fera bien de profiter du bénéfice de la loi. Si l'animal meurt et qu'à l'ouverture on trouve que la cause est la suite d'un vice rédhibitoire, la perte de l'animal retombera à la charge du vendeur.

Si la marche à suivre par l'acheteur est dans ce cas toute tracée, l'expertise pour la personne chargée de constater les causes de la mort n'est pas sans difficultés. C'est donc, plus que jamais, le cas, pour les tribunaux, de n'avoir pour experts que des vétérinaires brevetés des écoles royales vétérinaires.

Il est indubitable que si, à l'ouverture du cadavre, l'expert ne trouve que des lésions, ou des causes de mort étrangères à tout vice rédhibitoire, il n'y a pas lieu à rédhibition. Il est encore certain que la même conclusion doit se produire, si, à l'ouverture du cadavre, l'expert ne trouve aucune lésion qui puisse avoir produit la mort. Cela est rare, mais cela arrive cependant, et nous avons été, quant à nous, fort étonnés quelquefois, à l'ouverture de certains animaux, quoique l'ouverture eût été faite avec grand soin, de ne trouver aucune lésion qui rendît compte de la mort. Cela se voit quelquefois dans les animaux morts à la suite d'une attaque épileptique.

Mais il peut arriver aussi qu'à l'ouverture on trouve, et une lésion qui constituait un vice rédhibitoire sur l'animal vivant, et une cause de mort dont l'origine remontait à une époque bien évidemment antérieure à la vente. L'animal étant vivant se serait trouvé dans le cas de la rédhibition si l'acheteur avait pu soupçonner et faire constater ce vice rédhibitoire; l'animal étant mort par une tout autre cause que le vice rédhibitoire, et cette cause étant elle-même tout à fait étrangère à l'acheteur, étant par exemple une ancienne lésion du foie, l'animal se trouve-t-il dans le cas de la rédhibition? L'équité et l'esprit de l'article 1641 du code le voudraient; la loi du 20 mai 1838 ne le veut-elle pas? Les tribunaux décideront la question si jamais elle se présente; la mission de l'expert nous paraît devoir être dans ce cas, d'exposer bien clairement dans son rapport ce qui arrive.

Un autre cas peut se produire. L'expert, à l'ouverture, peut trouver une maladie rédhibitoire, et une maladie aiguë nouvelle qui aura été la cause immédiate de la mort. Il y a dans ce cas une distinction à faire.

Si la maladie aiguë nouvelle n'a aucun rapport, aucune connexité avec la maladie rédhibitoire, il nous semble qu'il ne peut guère y avoir de doute à cet égard ; si, par exemple, l'expert trouve dans un cheval un emphysème pulmonaire ancien (la cause la plus ordinaire de la *pousse*), et que cependant la mort soit due à une entérite aiguë, il est certain que l'entérite n'ayant aucune connexité avec l'emphysème pulmonaire, ne peut être attribuée au vendeur, pas plus que la mort qui en a été la suite ; qu'il y a tout lieu de penser que cette mort serait arrivée chez l'acheteur quand même l'animal eût été aussi sain que possible ; il paraît donc de toute justice que l'acheteur supporte la perte.

Mais si la maladie aiguë récente a une connexité avec une maladie ancienne qui eût été rédhibitoire sur l'animal vivant, alors les conclusions nous paraissent devoir être différentes : il nous semble que c'est le vendeur qui doit supporter la perte. Si, par exemple, ce qui arrive souvent, on trouve une maladie ancienne du poumon (une vieille courbature selon la loi), pas assez avancée néanmoins pour avoir occasionné la mort, et en même temps une inflammation aiguë, violente, de l'organe pulmonaire, inflammation qui sans aucun doute aura été la cause immédiate de la mort, dans ce cas, disons-nous, l'expert peut sans aucun risque conclure que la cause de la mort est la maladie ancienne du poumon, ou la vieille courbature. En effet, d'après la science, lorsqu'un organe est affecté d'une maladie chronique, surtout lorsque des lésions sont déjà apercevables pour l'homme instruit, il est constant que cet organe est exposé continuellement à des inflammations aiguës qui se développent sous des influences que l'on ne peut souvent pas saisir, mais, quelquefois même, sous l'influence des conditions qui entretiennent la vie de l'animal en bonne santé.

Ces cas rentrent par conséquent complétement dans l'article 7 de la loi du 20 mai 1838. Ce que nous venons de dire des vieilles courbatures du cheval s'applique, il n'est presque pas besoin de le dire, à la pommelière de la vache.

Des vétérinaires ont pensé cependant que lorsque la maladie ancienne (soit vieille courbature, soit pommelière) existait dans un poumon seulement, tandis que la maladie aiguë qui avait été la cause de la mort immédiate, existait dans l'autre poumon, il n'y avait pas connexité entre la maladie ancienne et la maladie nouvelle, et qu'il ne pouvait par conséquent y avoir application de l'article de la loi. Nous ne partageons pas cette opinion. Dans la plupart des affections pulmonaires, sinon dans presque toutes, quand un organe est malade, l'autre l'est aussi. Il peut l'être moins, beaucoup moins, il est vrai, mais il l'est aussi. Nous le répétons, le diagnostic des maladies de poitrine, et encore plus les ouvertures des animaux morts ne laissent point d'incertitude à cet égard. Si la maladie aiguë de poitrine se développe avec plus d'intensité sur le poumon qui *paraît* sain, n'est-il pas possible cependant que la maladie aiguë ait commencé sur le poumon malade (et ici nous parlons du poumon aussi bien que de la plèvre), et ensuite se soit métastasée, qu'on me pardonne l'expression, sur le poumon qui *paraît* sain et s'y soit développée plus que sur l'autre sans qu'on puisse deviner la cause de ce développement plus intense? Mais cet organe qui paraît sain à l'ouverture du cadavre, n'était-il pas lui-même déjà malade, sans que l'altération ait été, à l'ouverture, apercevable par nos sens et par nos moyens d'investigation? Nous ajouterons encore que lorsque les altérations organiques, quoique dues à un travail maladif seul et d'ancienne date, ne font que commencer dans un tissu, elles sont si légères qu'une inflammation de l'organe récente et assez intense pour produire la mort de l'animal, les fait quelquefois disparaître en désorganisant le tissu. Où sera donc la certitude qu'il n'y avait pas déjà eu d'inflammation passée à l'état chronique dans le poumon le plus malade, et même qu'il n'y avait pas déjà eu commencement d'altération organique? Pour nous, les poumons ne sont qu'un organe séparé en deux parties; ces deux parties sont solidaires l'une de l'autre. Jamais l'une n'est étrangère à ce qui se passe dans l'autre, comme jamais le parenchyme pulmonaire n'est complétement étranger à ce qui se passe sur la plèvre, et *vice versâ*. Enfin, pour appuyer notre opinion, nous ajouterons ce qui suit : on sait que dans le poumon de l'espèce bovine les ramifications des bronches sont séparées en lobes distincts, qui sont seulement unis par un tissu cellulaire, d'une nature différente de celui qui sépare ou unit les vésicules aériennes: on sait qu'une dissection attentive peut séparer ainsi un des poumons en plusieurs lobes, en plusieurs poumons partiels pour ainsi dire, comme la nature a divisé l'organe total en deux poumons principaux. Or nous demandons si, à l'ouverture d'une vache morte de la pommelière, on trouvait des tubercules dans un point d'un des poumons, et une légère inflammation dans ce point, tandis qu'on trouverait, dans un autre point du même poumon non tuberculé, une inflammation aiguë, violente, qui aurait été cause de la mort, nous demandons, disons-nous, si on devrait dire qu'il n'y a pas connexité entre les deux affections; si on devrait dire que l'affection ancienne n'a rien de commun avec l'affection aiguë récente, et que la vache ne se trouve pas dans le cas de l'article 7 de la loi. Nous ne croyons pas qu'un seul vétérinaire ait cette opinion. Eh bien, nous pensons que, d'après toutes les raisons que nous avons exposées, elle ne devrait pas être admise davantage, lorsqu'au lieu de lobules d'un même poumon, ce sont les poumons qui sont affectés séparément, l'un d'une vieille courbature ou d'une pommelière, et l'autre d'une affection aiguë, cause immédiate de la mort.

Quoi qu'il en soit de notre opinion particulière, si l'expert se trouve dans le cas dont il s'agit, ses soins devront tendre à bien exposer dans son rapport ou dans son procès-verbal, l'état des choses et de la question. Le tribunal décidera.

Telles sont les positions diverses, envisagées d'une manière générale, dans lesquelles peut se trouver l'expert qui aura été appelé pour constater si un animal mort, dans le temps de la garantie, se trouve dans le cas de l'article 7 de la loi. Voyons maintenant si dans quelques cas particuliers il peut être embarrassé.

La fluxion périodique ne sera jamais cause de mort.

L'épilepsie peut l'être. Qu'indiquera l'ouverture des cadavres ? rien quelquefois ; et si l'expert trouve des lésions dans l'un des points du système cérébro-spinal, ces lésions seront presque toujours des lésions inflammatoires aiguës, qui n'indiqueront qu'une maladie aiguë récente. Ce ne sera donc, comme nous l'avons déjà dit, en parlant de l'épilepsie, qu'une enquête qui pourra décider si le cheval était ou n'était pas épileptique.

Il pourra arriver cependant qu'on trouve à l'ouverture du cadavre, dans un point du système cérébro-spinal, des lésions anciennes, organiques de ce système, ou même, dans les tissus environnants, des lésions physiques, *anciennes*, suffisantes pour opérer un trouble épileptique ; il pourra arriver qu'on trouve, par exemple, des exostoses. Alors, si l'animal a réellement succombé à une attaque épileptiforme, il y a tout lieu de croire à l'existence de l'épilepsie, et il paraît rationnel de placer l'animal dans le cas de l'article 7 de la loi. Heureusement qu'un pareil cas ne se présentera peut-être jamais au jugement d'un expert, l'épilepsie étant rarement mortelle lorsqu'elle n'a pas encore mis l'animal tout à fait hors de service, hors d'état d'être vendu.

La morve, lorsqu'elle est chronique et lorsqu'elle n'est pas encore assez avancée pour mettre l'animal hors d'état d'être vendu, ne produira pas la mort ; ce ne pourra être que la morve aiguë : et l'expert chargé dans ce cas de faire l'ouverture reconnaîtra la morve aiguë assez facilement. D'abord, parce que la morve aiguë s'implantant souvent sur une morve chronique, il trouvera, avec les signes de morve aiguë, des signes de morve chronique, tels que des chancres anciens dans les cavités nasales ; les ganglions de l'auge et de l'entrée de la poitrine seront indurés et tuberculés : dans la poitrine il y aura des tubercules à divers états. Si c'est la morve aiguë sans traces de morve chronique, il distinguera celle-ci des autres maladies qui pourraient y avoir quelques rapports, à la nature des ulcérations larges, profondes, de la muqueuse nasale ; ou à la dissémination d'ulcères plus petits, mais plus nombreux sur cette même membrane ; à l'aspect de ces ulcères à bords tranchés, irréguliers, saillants ; à leur couleur d'un mauvais aspect et présentant au fond des bourgeons d'un rouge livide. Il pourra trouver sur cette même muqueuse, à côté des ulcères, des pustules saillantes d'un rouge jaunâtre et sans consistance. La membrane muqueuse sera gonflée, gorgée de liquides ; elle sera d'un rouge de diverses teintes. En même temps on trouvera les ganglions de l'auge et ceux de la poitrine, engorgés, mous, d'une teinte rougeâtre, et contenant à leur intérieur des matières purulentes; on les trouvera entourés d'un tissu cellulaire gorgé lui-même de fluides séreux et rougeâtres. On trouvera les poumons malades engorgés plutôt qu'injectés d'un fluide sanguinolent d'un mauvais aspect; on y trouvera peut-être des abcès ou congestions récentes de ce même fluide. Enfin on verra sur diverses parties du corps, et même à l'intérieur, autour, ou dans les organes, des tumeurs remplies de lymphe, d'une couleur parfois sanguinolente; on pourra même trouver des abcès contenant une matière puriforme, etc.

Le farcin chronique ne donnera point lieu à la mort, mais le *farcin aigu* pourra causer cet accident. Heureusement cela ne s'est peut-être jamais présenté et ne se présentera peut-être jamais. Nous dirons que l'expert dans ce cas trouvera presque toujours une complication de morve aiguë. Que s'il ne trouvait pas cette complication de morve aiguë, la nature des tumeurs farcineuses, qui se présentent sous forme de cordon, et dont quelques-unes seront passées à l'état d'abcès et contiendront des dépôts divers de matières puriformes, différenciera presque toujours suffisamment le farcin aigu du charbon et de toute autre maladie; de manière que l'expert ne restera pas dans le doute. Outre les signes provenant de la nature des tumeurs, on trouvera les vaisseaux lymphatiques là où ils sont nombreux, soit le long de l'encolure, soit le long des veines des membres, soit dans d'autres parties du corps, on les trouvera, disons-nous, beaucoup plus apparents; ils seront rougeâtres, ils présenteront des renflements, des abcès peut-être : il en sera de même des ganglions lymphatiques des diverses régions du corps, ils seront plus gros, rougeâtres, mollasses, et quelques-uns contiendront des dépôts de matière puriforme, sinon de véritable pus.

Les maladies anciennes de poitrine, ou vieilles courbatures, seront les accidents qui donneront le plus souvent lieu à des expertises. Mais tous les vétérinaires instruits connaissent les signes qui les caractérisent : les indurations du poumon, de quelque nature qu'elles soient, sont toujours dues à une lésion lente, ancienne par conséquent; les tubercules sont encore plus sûrement le travail d'une maladie lente, ancienne; les ulcérations du poumon, les abcès formés d'un pus grumeleux, blanc, abondant, contenu dans une espèce de kyste ou membrane organisée, dependent encore d'une affection ancienne. Toutes les fois donc, que les signes des inflammations pulmonaires aiguës sont accompagnés de ces différentes sortes de lésions, on peut être certain qu'il y avait maladie ancienne de la poitrine; qu'il y avait vieille courbature : ce que l'expert a plutôt à craindre, c'est, au milieu des signes d'une inflammation aiguë récente qui a désorganisé le parenchyme pulmonaire, de ne pas reconnaître certaines lésions anciennes qui avaient fait peu de progrès. Ainsi les indurations encore peu prononcées ne peuvent plus quelquefois être reconnues dans les cas où les liquides sanguins ont envahi le poumon, ramolli et même déchiré son tissu.

Quant aux plèvres, on peut être sûr qu'il y a maladie ancienne ou vieille courbature, quand on trouve ces plèvres dures, rugueuses, quand on trouve sur leur face des filaments rougeâtres, résistants, quand on trouve des ulcérations dans le tissu même, et pénétrant jusqu'au poumon, quand on trouve les surfaces des plèvres adhérentes entre elles par des brides dures, difficiles à rompre. Au contraire, lorsque les plèvres sont seulement rouges, lorsqu'on ne trouve à leur surface qu'une matière gélatiniforme sans grande consistance, sans organisation fibreuse, reflétant une couleur jaunâtre et même un peu blanchâtre, et encore lorsqu'on ne trouve qu'un fluide plus ou moins coloré, il faut penser que la maladie a une date récente : si autrefois on a pu croire que ces couches jaunâtres gélatiniformes, dont nous venons de parler, étaient des signes d'inflammation lente, chronique, il y a longtemps que les progrès de la médecine vétérinaire ont démontré qu'elles pouvaient se former en très-peu de temps.

L'immobilité, la pousse, le cornage chro-

nique, le tic, n'ont jamais produit la mort dans le temps de la garantie ; il est à espérer que jamais expertise n'aura lieu dans un pareil cas.

La hernie intermittente peut bien occasionner la mort dans le délai de la garantie : mais à l'ouverture, comment constater que la hernie était intermittente ?

L'expert ne pourra que dans un seul cas être hors d'embarras : c'est lorsqu'il trouvera par des adhérences anciennes de l'intestin avec le sac herniaire que *la hernie était ancienne*. Mais cette hernie ancienne qui pouvait donner lieu à des coliques intermittentes, qui sans aucun doute a été cause de celles qui ont produit la mort de l'animal dans le temps de garantie, doit-elle être dans le cas de l'article 7 de la loi ? l'article 1641 du code le voudrait ; l'équité le voudrait également. Qu'a voulu la loi nouvelle ? dans tous les cas l'expert décrira ce qu'il a vu. Le tribunal prononcera.

La boiterie intermittente ne sera jamais cause de mort dans le temps de la garantie.

La phthisie pulmonaire ou *pommelière* peut être cause de mort : dans ce cas l'expert sera très-rarement embarrassé. Dans les animaux de l'espèce bovine, quand ils meurent de la phthisie pulmonaire, il y a toujours au moins des indurations anciennes, tellement évidentes de quelques parties du poumon, que l'ancienneté de la maladie ne laisse pas de doute. Le poumon ainsi malade présente de la dureté, et il est parfois bosselé : à côté de ces parties plus dures, d'autres parties qui sont saines ou moins malades ont conservé leur consistance naturelle. Très-souvent, presque toujours même, il y a des tubercules, et des abcès autour des tubercules. Souvent encore on trouve des cavités irrégulières à membrane épaisse, qui indiquent qu'il y a eu dans ces parties des foyers purulents. On trouve sur les plèvres des fausses membranes, résistantes et très-bien organisées; il y a aussi, dans les cavités qu'elles forment, des épanchements de liquides rougeâtres, mêlés de flocons blanchâtres, et quelquefois des matières puriformes.

Dans la pommelière, il peut y avoir des cas où les parties saines du poumon paraîtront plus enflammées que les parties malades; il pourrait arriver même qu'un des poumons n'eût point de trace de maladie ancienne et qu'il fût tellement enflammé qu'on devrait penser que la mort a eu lieu exclusivement par suite de cette inflammation; l'expert ne se laissera pas imposer par cette apparence. En examinant le poumon malade, il trouvera aussi une inflammation aiguë, récente, dans toutes les parties qui ne sont pas désorganisées, et si les lésions récentes paraissent moins grandes que dans l'autre poumon, c'est que ce poumon, déjà désorganisé en partie, ne pouvait donner à la maladie aiguë un local aussi vaste et aussi approprié à son complet développement. L'expert pourra toujours prononcer que l'animal est mort de la phthisie pulmonaire.

L'épilepsie ou mal caduc sera rarement, peut-être jamais, cause de mort pour l'espèce bovine dans le temps de la garantie. Du reste, ce que nous avons dit dans ce cas, au sujet du cheval, doit s'appliquer tout à fait aux animaux de l'espèce bovine. Nous renvoyons donc à ce paragraphe; nous renvoyons aussi à celui qui a rapport à l'épilepsie dans le cas d'une attaque sur l'animal vivant (pag. 138).

Les suites de la non-délivrance après le part chez le vendeur peuvent être cause de mort dans le temps de la garantie, et nous avons vu ce cas se produire. Quand l'expert, à l'ouverture du cadavre, trouvera dans l'utérus des débris du placenta, il n'y aura pas de doutes sur les conclusions de son procès-verbal d'ouverture.

Mais il pourra arriver qu'à l'ouverture il trouve que la vache est vêlée depuis peu, qu'il y a par exemple encore des cotylédons sur la membrane muqueuse, mais qu'il n'y a plus aucune trace du délivre, et que, cependant, l'inflammation gangréneuse de l'utérus et une irradiation de cette inflammation dans l'abdomen, lui prouvent indubitablement que la vache est morte des suites du part, arrivé chez le vendeur. La loi a-t-elle voulu, dans ce cas, que le vendeur qui peut dire, et qui dira que la délivrance était bien complète lorsqu'il a vendu la vache, la loi a-t-elle voulu, dans ce cas, nous le répétons, que le vendeur fût responsable? Nous n'en savons rien. Dans l'esprit de l'article 1641 du code, il n'y avait pas de doute; le part s'était opéré chez le vendeur; la vache mourait des suites du part, le vendeur était responsable de ces suites, que le délivre fût ou non complètement sorti.

Mais si l'acheteur prouve que, depuis l'achat, la vache a rendu, par la vulve, des débris du délivre, il se trouve évidemment dans le cas de la loi. L'expert se rappellera, néanmoins, qu'il n'est pas juge des preuves que l'acheteur donne ou peut donner. Au tribunal seul appartient de les apprécier; ce sera seulement, pour l'expert, le cas d'étendre son procès-verbal en y insérant les dires des parties et tout ce qui pourra éclairer la justice.

Il résulte aussi de ce qui précède que l'acheteur qui voit que sa vache n'est pas complétement délivrée, fera bien, dans le cas possible d'accident ultérieur, de se mettre en mesure de faire constater légalement l'état de l'animal.

La mort peut encore arriver par suite du *renversement du vagin ou de l'utérus*. Si donc le renversement du vagin ou de l'utérus, après le part chez le vendeur, est rédhibitoire, à plus forte raison la mort de l'animal doit-elle donner lieu à la résiliation du marché ; il peut arriver cependant que le renversement du vagin ou de l'utérus qui était apparent pendant la vie de l'animal, cesse de l'être après la mort, soit parce qu'on aura fait la réduction pendant la vie, soit parce que les mouvements désordonnés au moment de la mort, ou même un déplacement des organes de l'abdomen après la mort, auront remis à leur place les organes de la génération. Dans cette occurrence, l'expert se trouvera encore dans la position dont nous venons de parler pour le cas précédent, et il devra agir de même.

La clavelée ne fera jamais périr un

animal parmi ceux nouvellement vendus sans qu'aucun autre ne soit atteint du même mal; ce sera sur ceux vivants qu'on constatera la nature de l'affection; on pourrait même la constater sur l'animal mort sans faire l'ouverture. Les boutons du claveau sont faciles à reconnaître une fois qu'on les a vus. L'expert ne se trouvera donc jamais dans l'embarras quand il s'agira de cette maladie. (On peut voir ce que nous en avons dit.)

Le sang-de-rate ne se constate qu'à l'ouverture des cadavres, et quand nous avons traité de ce cas rédhibitoire, nous avons indiqué les lésions cadavériques les plus saillantes pour faire reconnaître ce vice rédhibitoire; nous ne reviendrons donc pas sur ce que nous avons déjà dit à ce sujet, et nous terminerons ici ce que nous voulions dire relativement à l'article 7 de la loi du 20 mai 1838.

CHAPITRE V.

DE LA GARANTIE LÉGALE.

La garantie légale a lieu toutes les fois que l'animal vendu est atteint d'un des vices ou défauts qui ont été énumérés dans le chapitre qui précède.

Dès que l'acquéreur s'aperçoit que l'animal est atteint d'un vice rédhibitoire, il doit immédiatement cesser de le faire travailler, afin d'empêcher qu'on puisse lui imputer de lui avoir fait contracter ce vice. Il est bon même de mettre l'animal en fourrière.

Si l'acquéreur continuait de s'en servir, il ferait un acte de propriété qui pourrait nuire au succès de sa demande en garantie. Il ne doit plus être donné à l'animal que l'exercice exigé par l'état dans lequel il se trouve.

Il peut y avoir cependant une exception à la règle que l'animal supposé atteint d'un vice rédhibitoire ne doit plus travailler, dans l'intérêt même du vendeur. Par exemple, une personne part pour un voyage avec un cheval de cabriolet qu'elle vient d'acheter : elle s'aperçoit, en route, que l'animal est corneur; elle fait la demande en résiliation dans le temps de la garantie et trouve le moyen de renvoyer le cheval dans un attelage. Dans cette circonstance, où un travail modéré est souvent plus utile que le repos, où il évite des frais de nourriture, des frais de conduite, il serait peut-être injuste de ne pas admettre la rédhibition sous ce prétexte.

Si l'acquéreur avait fait subir une mutilation à l'animal, par exemple s'il lui avait coupé les oreilles ou la queue, il aurait fait par là un acte de propriété définitive, qui rendrait le recours en garantie non recevable. S'il n'avait que raccourci un peu les crins de la queue, suivant la jurisprudence du tribunal de commerce de Paris, il devrait une indemnité légère. S'il avait *fait les crins*, suivant la jurisprudence du même tribunal, il ne devrait rien, par le précepte que *ce qui améliore ne vicie pas.*

La loi du 20 mai 1838 a elle-même affranchi le vendeur, dans deux cas, de la garantie légale : le premier est celui où l'animal vient à périr dans les délais fixés pour intenter l'action, sans que l'acheteur prouve que cette perte a été occasionnée par l'une des maladies précédemment spécifiées (art. 7 : voir notre commentaire sur cet article, chap. IV, § IV); le second, celui où le vendeur lui-même prouve que le cheval, l'âne ou le mulet, atteints de la morve ou du farcin, et les moutons atteints de la clavelée, ont été, depuis la livraison, mis en contact avec des animaux déjà infectés de ces maladies (art. 8).

Dans le cas où il y a lieu à rédhibition, l'animal doit être rendu dans le même état où il a été livré : s'il avait éprouvé une dépréciation, l'acquéreur en devrait compte au vendeur, à moins qu'elle ne fût arrivée par suite du vice rédhibitoire.

Les frais de fourrière et de nourriture sont à la charge du vendeur.

Nous allons maintenant examiner quelle action fait naître la garantie due en matière de vices rédhibitoires, et dans quel délai cette action doit être intentée. Nous traiterons ensuite des opérations des experts chargés de constater les vices rédhibitoires dont l'existence est alléguée; ce qui comprend la nomination de ces experts, les formalités qu'ils doivent remplir, et le délai dans lequel l'expertise doit être terminée ou au moins commencée. Enfin nous examinerons la question de savoir si l'individu qui a vendu un animal atteint d'une maladie contagieuse, non comprise parmi les vices rédhibitoires ci-dessus énumérés, peut être déclaré responsable envers l'acheteur des suites de cette maladie.

PARAGRAPHE PREMIER.

DE L'ABOLITION DE L'ACTION EN RÉDUCTION DE PRIX AUTORISÉE PAR LE CODE CIVIL.

Sous l'empire du code civil, l'acheteur à qui le vendeur avait livré un animal atteint d'un vice caché qui le rendait impropre à l'usage auquel il le destinait, ou qui diminuait tellement cet usage, qu'il ne l'aurait pas acquis ou n'en aurait donné qu'un moindre prix s'il l'avait connu, avait deux actions qui lui étaient ouvertes par l'art. 1644, et entre lesquelles il pouvait choisir : l'action *rédhibitoire*, par laquelle il forçait le vendeur à reprendre l'animal et à rendre le prix, et l'action *quanti minoris*, dont l'objet était seulement de contraindre le vendeur à supporter une diminution de prix.

Cette dernière action a été abolie par la loi du 20 mai 1838. L'art. 2 de cette loi dispose en effet que « l'action en réduction de prix, autorisée par l'art. 1644 du code civil, ne pourra être exercée dans les ventes et échanges d'animaux énoncés dans l'art. 1er. »

Les motifs de cette disposition ont été ainsi exposés par M. Lherbette, rapporteur de la commission de la chambre des députés :

« L'action estimatoire ou en diminution de prix, juste dans les marchés de choses inanimées, ne l'est pas dans ceux d'animaux. Le vendeur a pu connaître plus facilement les vices des premiers, et plus de droits dès lors doivent être concédés contre lui à l'acquéreur; l'estimation de ces choses qui ont un prix marchand est aussi plus facile ; en outre, la conservation n'a donné lieu qu'à peu de frais entre les mains de l'acquéreur et ne donnera dès lors ouverture qu'à une faible répétition ; la reprise n'en est pas non plus une cause de dépense pour le vendeur. Mais, à l'égard des animaux, les vices souvent difficiles à connaître ont pu être ignorés du vendeur; le prix est parfois idéal, la conservation toujours onéreuse, la répétition de frais considérable, la reprise de l'animal embarrassante et coûteuse. Les premières raisons donnent l'action rédhibitoire moins équitable ; les dernières font que le vendeur peut être amené plus facilement à composition par un acheteur de mauvaise foi, et forcé de laisser pour un prix inférieur l'animal dont il peut faire cas pour des qualités qu'on n'appréciera pas dans l'estimation. Cette action serait souvent plus funeste que l'action rédhibitoire elle-même : votre commission a donc cru devoir la supprimer en matière de vente d'animaux. » (Duvergier, *Collection des lois*, année 1838, page 332. note 6.)

Il résulte de l'abolition de l'action en réduction de prix que, lorsque deux chevaux ou deux bœufs auront été achetés pour être attelés ensemble, le vice rédhibitoire de l'un d'eux devra donner lieu à la résiliation du marché tout entier. La chambre des députés l'a elle-même décidé ainsi en rejetant un amendement exprès dans ce sens, par le motif que la disposition proposée était de droit commun ; et cette décision a été formellement consacrée par la cour royale de Paris dans un arrêt du 22 février 1839, *affaire* Defonteny C. Decaze. (Voyez *Journal du palais*, 1839, t. 1er, p. 292.)

Toutefois il peut y avoir telles circonstances où la résolution ne devra pas être ainsi étendue, quand même les deux chevaux auraient été achetés ensemble et plus ou moins pareils. Il y a là une question d'interprétation de contrat qui doit nécessairement être abandonnée à l'appréciation des tribunaux. C'est ce qui a été encore reconnu lors de la discussion de la loi du 20 mai 1838 devant la chambre des députés. (V. Duvergier, *loco citato*, note 5.)

PARAGRAPHE II.

DU DÉLAI DANS LEQUEL L'ACTION RÉDHIBITOIRE
DOIT ÊTRE INTENTÉE.

Aux termes de l'art. 1648, code civil, « l'action résultant des vices rédhibitoires devait être intentée par l'acquéreur dans un bref délai, suivant la nature du vice rédhibitoire et suivant l'usage du lieu où la vente avait été faite. »

Après l'expiration du délai fixé par l'usage des lieux où s'était faite la vente, l'action rédhibitoire ne pouvait plus être admise. Ainsi jugé par la cour de cassation le 10 juillet 1839, *affaire* Barthélemy C. Prévost. (Voyez *Journal du palais*, 1839, t. 2, p. 402.)

Mais, à cet égard, on s'était demandé si c'était l'action proprement dite, c'est-à-dire la demande en résolution, qui devait être intentée dans le délai déterminé par l'usage, ou s'il ne suffisait pas que le vice fût constaté dans ce délai. Le dernier système enseigné par M. Duvergier, *Traité de la vente* (continuation de Toullier, t. 1er, n° 406), avait été consacré par la jurisprudence. (Voyez *Journal du palais*, cass., 5 avril 1830, *affaire* Maillet C. Dumoulin ; Bourges, 12 mars 1831, *affaire* Gaultier C. Tourtaut.)

La loi du 20 mai 1838 a tranché la question en sens contraire d'une manière formelle (voyez Duvergier, *Collection des lois*, année 1838, p. 333, note 1) dans son art. 3 : « Le délai *pour intenter l'action rédhibitoire*, porte cet article, sera, non compris le jour fixé pour la livraison, de trente jours pour le cas de fluxion périodique des yeux et d'épilepsie ou mal caduc, de neuf jours pour tous les autres cas. »

Ainsi, d'après cet article, c'est *l'action rédhibitoire elle-même* qui doit être intentée dans le délai de trente ou de neuf jours, suivant qu'il s'agit de fluxion périodique des yeux et d'épilepsie ou mal caduc, ou des autres vices rédhibitoires.

Toutefois la loi n'ayant point prononcé

expressément pour le cas d'inobservation de cet article la peine de déchéance, tandis que, dans l'art. 5, elle a positivement attaché cette peine au défaut de provocation dans les délais fixés par l'art. 3 de la nomination d'experts, la cour royale de Paris, par arrêt du 22 février 1839, en a conclu qu'une action en résolution de la vente d'un cheval pour vice rédhibitoire avait pu être valablement intentée après le délai de neuf jours, si, pendant ce délai, le demandeur s'était mis en mesure de faire constater le vice rédhibitoire (1). Nous pensons, au contraire, que ces

---

(1) M. le vicomte Decazes avait acheté, le 5 décembre 1838, du sieur Defonteny, marchand de chevaux, deux chevaux d'attelage, dont un se trouvait, à l'insu de l'acheteur, être atteint de la pousse. Les symptômes de ce vice rédhibitoire s'étant manifestés, M. Decazes présenta, le 13 décembre, au juge de paix du canton de Sèvres, une requête à l'effet de nommer un expert pour visiter le cheval. L'expert constata, en effet, l'existence de la pousse chez un des deux chevaux vendus, et, en conséquence, à la date du 26 dé-

deux articles 3 et 5 de la loi du 20 mai 1838, loin d'être envisagés isolément, doivent être combinés ensemble et interprétés l'un par l'au-

---

cembre 1838, M. Decazes attaqua Defonteny devant le tribunal de commerce de Versailles, en résolution de la vente et en restitution du prix.

Le 20 janvier 1839, le tribunal de commerce de Versailles accueillit cette demande par un jugement ainsi conçu :

« Attendu que la vente des chevaux qui font l'objet de la contestation a été faite le 5 décembre ; — que le sieur Decazes a obtenu le 13 du même mois, c'est-à-dire dans le délai voulu par la loi du 20 mai 1838, la nomination d'un expert, à l'effet de constater l'état de l'animal atteint du vice rédhibitoire ; — qu'ainsi la demande en résolution formée par le sieur Decazes contre le sieur Defonteny était valablement formée. »

Sur l'appel, la cour royale de Paris, « considérant que l'action rédhibitoire avait été intentée dans les délais prescrits par les art. 3 et 5 de la loi du 20 mai 1838, » a confirmé ce jugement.

Du 22 février 1839, MM. Seguier, premier président, Montsavrat, subst. pr. gén. (concl. conf.), Lan, avoué et Hennequin fils, avocat. (*Journal du palais*, 1839, t. 1er, p. 297.)

tre ; qu'il y a lieu dès lors de suppléer dans l'art. 3 la peine de déchéance formellement écrite dans l'art. 5 ; en d'autres termes, l'action en justice et la demande à fin de nomination d'experts doivent toutes deux être intentées, à peine de déchéance, dans le même délai. Cette doctrine a été adoptée par la cour de cassation suivant arrêt du 23 mars 1840, *affaire Maréchal C. Pelletier* (1).

---

(1) Voici le texte de cet arrêt :

« La cour , — vu l'art. 1648, code civil, les art. 3 et 5 de la loi du 20 mai 1838 ; — attendu que la loi du 20 mai 1838 n'a apporté aucune modification aux dispositions de l'art. 1648, code civil ; qu'elle a eu seulement pour objet d'en régler l'exercice en prescrivant pour toute la France un délai uniforme, suivant la nature des vices rédhibitoires ; qu'il faut donc coordonner entre eux les trois articles ci-dessus cités ; — attendu que l'art. 3 de la loi du 20 mai 1838 porte que le délai pour intenter l'action rédhibitoire sera, pour le cas de l'espèce actuelle (le cheval vendu était atteint de boiterie intermittente), de 9 jours, non compris celui fixé pour la livraison ; — que si l'art. 5 veut que, *dans tous les cas*, l'acheteur, à peine d'être non

Étant établi que l'action résultant de vices rédhibitoires doit rigoureusement être formée dans le délai de trente jours ou de neuf jours, il reste à examiner quel est le point de dé-

---

recevable, soit tenu de provoquer, dans les délais de l'art. 3, la nomination d'experts chargés de dresser procès-verbal, ces deux articles n'ont rien d'inconciliable entre eux, et que l'art. 5 ne déroge pas à l'art. 3; que les deux formalités prescrites dans ces deux articles sont distinctes et doivent être toutes les deux remplies dans le délai prescrit par la loi; — attendu, en fait, que la vente a eu lieu le 14 février 1839; que si l'acheteur a provoqué la nomination d'experts le 21, il il n'a donné connaissance au vendeur de ses démarches que le 7 mars, par un acte extrajudiciaire; et, ce qui est déterminant, qu'il n'a donné assignation introductive d'instance que le 18 mars, et, par conséquent, hors du délai légal; que la demande était donc non recevable, et qu'en jugeant le contraire, le tribunal de commerce de Chartres a faussement interprété l'art. 5 ci-dessus, et violé l'art. 1648, code civil, et l'art. 3 de la loi du 20 mai 1838. »

MM. Portalis, prem. président, Legonidec, rapporteur, Tarbé, avocat génér., Gatines et Scribe, avocats. (*Journal du palais*, 1840, t. 1er, p. 450.)

part de ce délai. Avant la loi du 20 mai 1838, et sous l'empire du code civil, il y avait divergence parmi les auteurs sur le point de savoir si le délai devait courir du jour de la vente ou du jour de la livraison. M. Duvergier, *De la vente* (continuation de Toullier, t. 1er, n° 405), enseignait, avec un arrêt de la cour de cassation du 17 mars 1829 (voyez à cette date *Journal du palais*, *affaire* Rivoire C. Bichat), que le délai devait courir du jour de la vente, par la raison que la vente est parfaite par le consentement sur la chose et sur le prix, et que, dès ce moment, cette chose, livrée ou non, est au risque de l'acheteur. L'opinion contraire était soutenue par M. Troplong, *De la vente*, t. 2, n° 588, l'acheteur, selon lui, ne pouvant connaître le vice dont l'animal était atteint, qu'après la livraison. C'est cette dernière opinion qui a prévalu lors de la discussion sur la loi du 20 mai 1838 devant la chambre des députés. L'art. 3 de cette loi dispose en effet en termes formels que le délai pour intenter l'action rédhibitoire part du jour *fixé* pour la livraison. Ce jour n'est pas compris dans le délai.

Lorsqu'il n'a point été fixé de jour pour la livraison, les délais doivent être comptés du jour *de la vente*, encore bien que le vendeur soit en retard de faire la livraison, ou que, par suite de convention, l'animal vendu soit resté en sa possession. Un arrêt de la cour de cassation du 17 mars 1829 (voyez à cette date, *Journal du palais*, 3ᵉ édition) l'a décidé ainsi sous l'empire du code civil et du règlement de 1728 du parlement de Normandie :

« Attendu, porte cet arrêt, que, s'agissant de vente faite en foire le 24 février, le tribunal a pu reconnaître en fait que la vente avait été consommée ce jour-là, quoique, par un arrangement particulier, le vendeur ait gardé le cheval jusqu'au 18 mars, et que, en calculant le délai fixé par l'arrêt du règlement du 30 janvier 1728, à compter du jour de la vente consommée, le tribunal n'a violé ni le règlement, ni l'art. 1648 du code civil. »

Cet arrêt, tout à fait conforme aux principes, pourrait encore aujourd'hui être utilement invoqué. En effet, lorsqu'il n'a point été fixé de jour pour la livraison, l'animal vendu est acquis à l'acheteur et se trouve à ses risques et périls, du moment de la vente (art. 1138 et 1583 du code civil).

L'art. 4 de la loi du 20 mai 1838 porte, comme nous l'avons vu, que, « si la livraison de l'animal a été effectuée ou s'il a été conduit dans le délai ci-dessus (c'est-à-dire dans ceux fixés par l'art. 3) hors du lieu du domicile du vendeur, les délais seront augmentés d'un jour par 5 myriamètres de distance du domicile du vendeur au lieu où l'animal se trouve. » Dans les deux cas prévus par cet article, c'est-à-dire dans le cas où la livraison de l'animal est effectuée dans les délais déterminés par l'art. 3, hors du domicile du vendeur, et dans celui où l'acheteur, après avoir conclu son marché, se met en route et conduit, dans les mêmes délais, l'animal à une distance plus ou moins grande du domicile du vendeur, le législateur n'a entendu prolonger que le délai pour intenter l'action rédhibitoire, et non celui qui est prescrit pour la constatation du vice rédhibitoire. Faite après les délais fixés par les art. 3 et 5, cette constatation est inutile. Le législateur a voulu seulement, par la disposition qui précède, laisser à l'acheteur le temps d'aller lui-même ou d'écrire au domicile de son vendeur pour faire donner l'assignation. A cet égard, il ne saurait s'élever aucune difficulté sérieuse.

Dans l'article 4 précité, la loi du 20 mai 1838 ne nous semble avoir prévu que le cas d'une action entre l'acheteur et son vendeur, et non celui où plusieurs ventes successives ont eu lieu. Supposons donc que, dans cette seconde hypothèse, le dernier vendeur n'ait été assigné en garantie que le jour même où expirait le délai légal, augmenté du délai à raison des distances; ce vendeur devra-t-il être déchu de son recours contre celui qui lui a vendu à lui-même l'animal, s'il lui a été impossible de lui dénoncer, ce jour-là même, l'action rédhibitoire intentée par le dernier acheteur? Il convient, suivant nous, pour résoudre cette question, de faire une distinction : ou l'expertise provoquée par le dernier acheteur a été commencée après l'expiration des neuf ou trente jours à partir de la première vente, ou elle a été commencée avant l'expiration de ces délais. Dans le premier cas, le dernier vendeur doit n'avoir plus d'action en garantie contre celui de qui il tient l'animal ; car, par l'expiration des délais ci-dessus, la vente a été irrévocablement consommée à son égard, ainsi que cela résulte des art. 3 et 5 de la loi du 20 mai 1838. Dans le second cas, au contraire, la prescription de la loi relativement à la constatation du vice rédhibitoire ayant été accomplie, il nous paraîtrait inique que le dernier vendeur pût souffrir d'un fait qu'il n'a point dépendu de lui de prévenir. Il pourra donc appeler en garantie son vendeur, quoique le délai dans lequel il était prescrit au dernier acheteur d'intenter son action soit expiré. Mais dans quel délai devra-t-il exercer ce recours ? La loi n'ayant rien dit sur ce point, il suffira qu'on ne puisse lui imputer aucune négligence.

Lorsque l'acquéreur a laissé expirer les délais sans intenter l'action rédhibitoire, la peine de la déchéance, nous l'avons dit, est encourue contre lui. Mais, si le vice rédhibitoire dont l'animal est atteint est une maladie contagieuse et si l'acquéreur en a éprouvé un préjudice, il peut, aux termes de l'art. 1382 du code civil ainsi conçu : « Tout fait quelconque de l'homme, qui cause à autrui un dommage, oblige celui par la faute duquel il est arrivé à le réparer », obtenir réparation de ce préjudice. La cour royale de Rouen a consacré cette doctrine par un arrêt du 22 novembre 1839 (1). Cette cour a jugé en effet

---

(1) 7 septembre 1839, jugement du tribunal du Havre ainsi conçu :

« Vu les art. 459 et 463, code pénal, et attendu que Huet a vendu, le 17 juin dernier, à la foire de Saint-Romain de Colbosc, un cheval au sieur Quibeuf; — attendu que, le 4 juillet dernier, Quibeuf amena le cheval à la foire d'Harfleur, et le fit visiter par M. Sever, artiste vétérinaire, qui déclara que ce cheval était atteint de morve depuis plus de six mois;

que la loi du 20 mai 1838, en limitant le délai de l'action en résolution, n'avait point mis

— attendu que ce cheval fut le lendemain soumis à l'examen de M. Deschamps, artiste vétérinaire, qui reconnut les symptômes d'une morve ancienne; — attendu que l'année dernière M. Deschamps a fait abattre un cheval appartenant à Huet comme étant atteint de la morve; que Huet, qui, par expérience, avait appris à connaître les symptômes de la morve, n'a donc pu ignorer que le cheval dont il s'agit était atteint d'une maladie contagieuse lorsqu'il l'a exposé à la foire de Saint-Romain, puisque, d'après les vétérinaires consultés, la maladie existait déjà depuis près de cinq mois; — attendu qu'il a été soutenu que Huet pouvait ignorer que le cheval fût atteint de la morve, puisque, le 18 juin, il a été soumis à la visite générale faite par l'artiste vétérinaire du canton de Criquetot, qui ne l'a déclaré atteint d'aucun vice; — mais attendu que ces visites générales sont toujours l'objet d'un grand rassemblement de chevaux; qu'il est possible que le cheval ait été mené au lieu de la visite, et ramené sans avoir été visité; que presque toujours dans ces visites l'artiste ne peut se livrer qu'à un examen rapide, et qu'il est facile de le tromper en lui amenant le cheval morveux, longtemps après l'avoir laissé reposer; — attendu que Huet a donc

obstacle à ce que, même après l'expiration de ce délai, l'acquéreur intervint comme partie

---

gardé sciemment en sa possession un cheval morveux sans remplir les formalités prescrites par la loi; que ce fait constitue le délit prévu et puni par l'art. 459, code pénal; — attendu que Quibeuf a déclaré se porter partie civile, et a demandé des dommages-intérêts; — attendu que la loi de 1838 sur les vices rédhibitoires a réglé l'effet des conventions dont les dommages-intérêts peuvent être l'objet; — attendu que cette loi n'a point dérogé aux dispositions du code, qui permettent aux personnes lésées par un délit d'en obtenir réparation en intervenant dans les poursuites dirigées par le ministère public; — attendu que le tribunal a dans la cause tous les éléments nécessaires pour déterminer le chiffre des dommages-intérêts qui peuvent être dus à Quibeuf; — le tribunal reçoit Quibeuf partie civile..., et condamne Huet à 150 fr. de dommages-intérêts envers lui. »

Sur l'appel,

La cour royale de Rouen, adoptant les motifs des premiers juges, et attendu qu'il a été fait une juste application de la loi, tant pour la peine que pour les dommages-intérêts, a confirmé ce jugement.

Du 22 novembre 1839 (voyez *Journal du palais*, 1840, t. Ier, p. 489).

civile devant la juridiction correctionnelle, *à l'effet d'y réclamer des dommages-intérêts,* sur la poursuite dirigée contre son vendeur en vertu de l'art. 459 du code pénal, pour avoir gardé sciemment en sa possession, sans avoir rempli les formalités légales, un cheval atteint de la morve.

On ne doit pas considérer comme prescrite l'action rédhibitoire qui a été formée, dans le délai légal, devant un tribunal incompétent et n'a été régularisée que postérieurement à ce délai. Il y a lieu d'appliquer ici l'art. 2246 du code civil, aux termes duquel la prescription est interrompue par une citation en justice donnée même devant un juge incompétent, la loi du 20 mai 1838 ne contenant aucune disposition de laquelle on puisse induire une dérogation à cet article. Toutefois, nous n'admettons cette solution que pour le cas où l'expertise a été faite ou commencée pendant le délai légal. Car on ne pourrait regarder l'assignation donnée devant un tribunal incompétent comme interruption du délai dans lequel l'expertise doit avoir lieu, sans méconnaître l'esprit qui a présidé à la rédaction de la loi du 20 mai 1838 et sans outre-passer le but que le législateur s'est proposé par cette loi. Dans tous les cas et sans qu'il soit possible d'établir à cet égard aucune distinction, l'expertise doit, ainsi que nous le démontrerons ci-après, être faite ou au moins provoquée dans les délais fixés par l'art. 3 du 20 mai 1838.

PARAGRAPHE III.

DES EXPERTS. — DE LEUR NOMINATION ET DE LEURS OPÉRATIONS. — FORMALITÉS.

Dans tous les cas où il y a lieu à action pour vice rédhibitoire, il faut, pour la recevabilité de cette action, alors même qu'elle est intentée dans les délais de neuf ou de trente jours, conformément à l'art. 3 de la loi du 20 mai 1838, que l'acheteur ait provoqué, dans ces mêmes délais, la nomination d'experts chargés de visiter l'animal et de dresser à cet effet un procès-verbal. (Art. 5, l. 20 mai 1838.)

C'est au juge de paix *du lieu où se trouve l'animal* que l'acheteur doit s'adresser pour obtenir la nomination des experts. Il présente à cet effet au juge de paix une requête dans laquelle il indique le vice rédhibitoire dont l'animal lui paraît atteint. Le juge de paix nomme immédiatement, suivant l'exigence des cas, un ou trois experts qui doivent procéder *dans le plus bref délai.* (L. du 20 mai 1838, art. 5.)

Si dans le lieu où se trouve l'animal il n'y a pas de juge de paix et que l'urgence ne permette pas d'avoir recours à ce magistrat, il faudra alors s'adresser au maire de la commune, qui nommera les experts. Le procès-verbal dressé par un vétérinaire qui n'aurait été requis que par l'acheteur pourrait être annulé comme étant un acte de complaisance.

Les formalités prescrites par le code de procédure civile en matière d'expertise (voyez 1re partie, liv. 2, tit. 14, *Des rapports d'ex-*

perts) et notamment la formalité du serment doivent être observées, ainsi que cela a été formellement reconnu lors de la discussion (voyez Duvergier, *Collection des lois*, 1838, p. 325, note 1re), dans le cas où les experts sont nommés en exécution de la disposition qui précède. Par conséquent, si ces experts n'ont pas, préalablement à l'expertise, prêté serment, leur procès-verbal doit être déclaré nul, aux termes de l'art. 315, C. procédure civile (1).

---

(1) Ainsi jugé par la cour royale de Rouen, le 24 août 1842, *affaire* Vaussard C. de Croix.

« Attendu, porte cet arrêt, que si la loi du 20 mai 1838 ne contient aucune disposition relative au serment, on ne peut induire du silence de cette loi rien autre chose si ce n'est que les formalités prescrites par le code de procédure en matière d'expertise seront observées ; qu'ainsi les experts prêteront serment; que ce point a été positivement reconnu lors de la discussion de la loi, et ne peut être l'objet d'aucun doute ; qu'il suit de là que, l'expert Beaudoin n'ayant pas prêté serment, son procès-verbal doit être annulé. » (*Journal du palais*, 1842, t. II, p. 669.)

Le juge de paix ne pourrait pas même dispenser les experts de la prestation du serment (1).

---

(1) Le tribunal de commerce de Rouen devant lequel cette question s'est présentée l'a résolue dans notre sens. Les motifs de son jugement sont ainsi conçus :

« Attendu que le sieur Klapprack a acheté du sieur Mauger, à la date du 3 mai 1842, un cheval; qu'à son arrivée à Paris il crut s'apercevoir que l'animal était poussif et atteint du tic sans usure de dents, vices déclarés rédhibitoires par la loi ; — attendu que le sieur Klapprack présenta requête à M. le juge de paix du deuxième arrondissement de la ville de Paris, pour que ce magistrat voulût bien nommer un artiste vétérinaire à l'effet de visiter et constater régulièrement l'état de l'animal ; — attendu que ce magistrat a désigné le sieur Collignon, artiste vétérinaire à Paris, et l'a dispensé du serment exigé par la loi ; — attendu que si la loi sur les vices rédhibitoires ne prescrit pas le serment, cependant elle n'en dispense pas non plus; qu'ainsi le juge de paix était sans pouvoir pour donner cette dispense ; — attendu que la formalité du serment est obligatoire dans toutes les expertises, que les tribunaux n'en peuvent dispenser les experts que du consentement des parties ; et que, dans l'espèce, le

Si le procès-verbal doit être déclaré nul faute de prestation de serment par les experts, cette nullité est-elle de nature à entraîner ou non la déchéance de l'action rédhibitoire elle-même? La cour royale de Rouen, par l'arrêt du 24 août 1842, que nous avons précédemment cité, a décidé, dans une espèce où la nomination des experts avait été faite et l'action intentée dans les délais prescrits par les art. 3 et 5 de la loi du 20 mai 1838, que la nullité résultant du défaut de serment ne pouvait donner lieu qu'à une nouvelle expertise; l'action conservait ses effets. Cet arrêt ayant été déféré à la cour de cassation, le pourvoi a été rejeté le 20 juillet 1843. (Voy. *Gazette des tribunaux* du 22 juillet 1843; *Journal du palais*, 1843, t. 2, p. 502.)

---

serment était d'autant plus indispensable que l'expert devait opérer arrière du sieur Mauger; qu'ainsi l'inobservation de cette formalité doit entraîner la nullité de l'expertise. »

Du 25 mai 1842, président M. Pellouin, juges MM. Germonière et Vauquelin.

Cela nous conduit à examiner dans quel délai les opérations des experts doivent être faites. L'alinéa dernier de l'art. 5 précité porte seulement que les experts *devront opérer dans le plus bref délai*. Il ne paraît pas, d'après cette dernière disposition, que les experts soient tenus de rédiger leur procès-verbal dans les délais mêmes qui sont accordés pour intenter l'action ; et cela se conçoit : cette action peut en effet n'être intentée que le dernier jour du délai et la nomination des experts n'avoir lieu que ce jour même.

Les experts ne doivent-ils pas au moins *commencer* leurs opérations avant l'expiration des délais déterminés par l'article 3 ? Si l'on s'en tenait à la généralité des termes de l'art. 5, on devrait peut-être décider qu'il n'est pas même nécessaire que les opérations des experts soient commencées dans les délais ci-dessus. La seule condition qui paraît en effet exigée d'après les termes de l'art. 5, c'est que les experts procèdent dans *le plus bref délai*.

Mais ce système est-il bien conforme au but

que s'est proposé le législateur? Avant la loi du 20 mai 1838, on tenait généralement que le vice allégué devait être *constaté* dans les délais qui étaient fixés par l'usage pour intenter l'action rédhibitoire (voy. *suprà*, p. 193) : ce qui impliquait pour les experts la nécessité même de terminer leur procès-verbal dans ces délais. En s'écartant de cette rigueur, l'art. 5 n'a pu cependant tomber dans un défaut opposé. Ce qu'il y a de plus important en matière de vice rédhibitoire, c'est la constatation du vice lui-même, c'est de constater que ce vice s'est manifesté avant l'expiration des délais déterminés par l'art. 3. Or, si les experts ne devaient être astreints à *commencer* cette constatation que *dans le plus bref délai*, c'est-à-dire un, ou deux, ou trois jours après l'expiration des délais, il pourrait quelquefois arriver que le vice, dont ils attestent l'existence au moment où ils opèrent, ne se serait déclaré que postérieurement à l'expiration des délais fixés par l'art. 3 ; comme conséquence, par exemple, d'une maladie dont l'animal aurait été atteint pendant ces délais, et qui elle-même cependant n'aurait point été vice rédhibitoire. Les experts pourraient parfois se trouver dans l'impossibilité d'affirmer d'une manière positive si tel vice a réellement pris naissance dans ces délais. Quoique soumise à la censure des tribunaux, cette impossibilité, cette incertitude pourrait néanmoins compromettre les intérêts des partis. Au contraire, si les experts commencent leurs opérations dans les délais de l'article 3, s'ils procèdent, par exemple, à la visite de l'animal, sauf à eux à rédiger ultérieurement leur procès-verbal, tout inconvénient disparait. Toutefois, la cour royale de Rouen, par l'arrêt précité du 24 août 1842, a jugé que la déchéance prononcée par l'art. 5 contre l'acheteur qui n'avait pas, dans les délais exigés par cet article, provoqué la nomination d'experts, ne devait pas être étendue au cas où les experts désignés n'avaient pas fait ou commencé leur opération dans les mêmes délais (1). Mais dans l'espèce sur laquelle a

---

(1) « Attendu, portent les motifs de l'arrêt, que si,

été rendu cet arrêt, il ne s'agissait pas d'un vice rédhibitoire légal. Il est, en effet, de la nature du vice rédhibitoire légal d'être caché au moment de la vente ou de la livraison. Or, le cheval qui, dans cette espèce, avait fait l'objet de la vente, était déjà affecté d'une boiterie qui avait donné des craintes à l'acheteur, puisque, dans la quittance qui lui fut donnée par le vendeur, il se fit garantir que ce cheval n'était pas boiteux. Une semblable garantie n'aurait point été exigée si le cheval avait paru sain. C'est donc un vice rédhibi-

---

aux termes de l'art. 3 de la loi du 20 mai 1838, l'action rédhibitoire, lorsqu'il s'agit de boiterie intermittente pour cause de vieux mal, doit être intentée dans le délai de neuf jours, sous peine de n'être pas recevable, et si, sous la même peine, d'après l'art. 5, l'acheteur doit, dans les mêmes délais, provoquer la nomination d'experts, il ne s'ensuit pas que cette peine soit également applicable lorsque les experts n'ont pas fait ou commencé dans les neuf jours l'opération dont ils sont chargés; que l'art. 5, à cet égard, ne manifeste qu'un vœu, c'est que les experts opéreront dans le plus bref délai. »

toire conventionnel, le vice de boiterie qui est résulté de cette garantie. On comprend que dans ce cas la loi ne puisse pas être appliquée avec la même rigueur. Une seule chose importe alors, c'est que l'existence du vice soit constante.

L'opinion générale que nous avons émise ne peut être, toutefois, applicable que lorsque l'acheteur se sera rendu coupable de négligence: car il peut arriver que les experts, étant nommés le jour même de l'expiration de la garantie, ne puissent être avertis ou ne puissent commencer leur expertise que postérieurement à l'expiration de ce délai de garantie.

Lorsque les experts auront terminé leur procès-verbal, ils le présenteront au juge de paix qui les aura commis, et ce magistrat les taxera. La minute de ce procès-verbal ne devra pas rester déposée au greffe de la justice de paix, mais bien être remise à la partie qui aura requis l'expertise. C'est ce qui résulte formellement de la discussion sur la loi du 20 mai 1838 à la chambre des pairs.

(Voyez Duvergier, *Collection des lois*, 1838, p. 335, note 1re.)

Nous avons déjà dit que, dans le cas où deux expertises ont été ordonnées, le tribunal peut baser son jugement sur la première, quelles que soient les conclusions du second rapport d'experts. (Voyez nos observations, p. 66.)

PARAGRAPHE IV.

LES MALADIES CONTAGIEUSES NON COMPRISES DANS L'ÉNUMÉRATION DES VICES RÉDHIBITOIRES FAITE PAR LA LOI DU 20 MAI 1838, PEUVENT-ELLES DONNER LIEU A UNE ACTION EN DOMMAGES-INTÉRÊTS ?

Nous avons vu précédemment que lorsque l'action pour vice rédhibitoire n'avait point été intentée dans les délais, si le vice était contagieux, l'acheteur avait encore la ressource de demander au vendeur la réparation du préjudice que lui avait causé l'achat qu'il avait fait. Les maladies contagieuses auxquelles la loi n'attribue pas le caractère de vices rédhibitoires et qui par conséquent ne peuvent servir de base à une résolution confèrent-elles également à l'acheteur le droit d'intenter une action en dommages-intérêts contre le vendeur ? Ne faut-il pas distinguer à cet égard, comme l'a fait la cour royale de Bourges (1), entre le cas où le vendeur a usé de manœuvres frauduleuses et celui où

---

(1) 10 juin 1841, jugement du tribunal civil de Bourges ainsi conçu :

« Considérant qu'il résulte des faits constants dans la cause que Moreux neveu, dit Vriot, a vendu à Jouannin, en foire, à Bourges, le 11 mai dernier, 22 moutons atteints de la gale ; — qu'il doit, dès lors, être responsable du préjudice que peut avoir causé l'infraction par lui commise à la loi et aux règlements qui lui imposaient l'obligation, après avoir préalablement prévenu le maire, de tenir enfermés les bestiaux infectés d'une maladie contagieuse : — le tribunal condamne Moreux neveu à payer à Jouannin des dommages-intérêts à donner par déclaration, etc. »

Sur l'appel interjeté par Moreux, la cour royale de Bourges, « considérant que Jouannin se plaint de

il n'en a pas employé, pour accorder dans le premier à l'acheteur l'action en dommages-intérêts et la lui refuser dans le second?

On se rappelle que la loi du 20 mai 1838 a eu pour but de diminuer le nombre des procès relatifs aux ventes d'animaux domes-

---

ce que, le 11 mai dernier, Moreux lui a vendu, à la foire de Bourges, 22 moutons atteints de la gale et qui ont communiqué cette maladie à environ 200 autres de ses moutons; — mais considérant qu'il n'est point établi que des manœuvres frauduleuses aient été employées par Moreux pour engager Jouannin à acheter ses moutons; qu'en admettant qu'ils eussent été atteints de la gale le jour de la foire, la loi du 20 mai 1838 n'a pas reconnu cette maladie comme étant un vice rédhibitoire; que, dès lors, le marché fait à la foire de Bourges étant inattaquable, le sieur Jouannin ne peut être fondé dans son action en dommages-intérêts; — par ces motifs, — dit qu'il a été mal jugé par le jugement dont est appel, bien appelé d'icelui; émendant, et faisant ce que les premiers juges auraient dû faire, déclare Jouannin mal fondé dans sa demande, etc. »

Du 11 janvier 1822, président, M. Dubois. (Voyez *Journal du palais*, 1842, t. II, p. 734.)

tiques, et de protéger les transactions commerciales dont ces animaux sont l'objet. Ce but serait-il donc manqué, si les maladies contagieuses non comprises par la loi du 20 mai 1838 au nombre des vices rédhibitoires pouvaient entraîner une action en dommages-intérêts au profit de l'acquéreur d'animaux qui en seraient atteints?

Voici comment s'expriment ceux qui soutiennent l'affirmative : « La perspective de procès en dommages-intérêts serait-elle par hasard, disent-ils, moins propre à entraver la transaction commerciale que celle de procès en rédhibition? Les maladies rejetées par la loi de la nomenclature des vices rédhibitoires comme étant, les unes trop peu graves ou trop fréquentes, les autres trop faciles à reconnaître au moment de la vente ou trop aisément curables, quelques unes d'une incubation trop incertaine, et plusieurs d'une éruption trop subite, deviendraient-elles, par cela seul qu'il s'agirait, non plus d'une action en rédhibition, mais d'une action en dommages-intérêts, les unes plus graves et plus fréquentes, les autres plus difficiles à reconnaître ou à guérir, celles-ci d'une incubation moins incertaine, et celles-là d'une éruption moins subite et moins prompte? Ne faudrait-il pas, pour le jugement du bien ou mal fondé de cette dernière action, que le tribunal examinât toutes les questions difficiles et ardues qui surgiraient par suite de la nature même de ces maladies, et dont le législateur a voulu décharger la responsabilité des tribunaux en matière de procès rédhibitoires? Ces questions deviendraient-elles d'une solution plus facile, et la nécessité de leur examen entraînerait-elle moins d'inconvénients, alors qu'elles seraient débattues à l'occasion d'une demande en dommages-intérêts, au lieu de l'être à l'occasion d'une demande en résolution de marché? Enfin, admettre la possibilité d'une action en dommages-intérêts par suite de maladies auxquelles la loi a refusé l'effet rédhibitoire, ne serait-ce pas rendre indirectement, et sous un autre nom, à l'acquéreur d'animaux atteints de quelques-unes de ces maladies, la voie rédhibitoire qu'elle leur a formellement déniée? Est-ce que, dans tous les cas, ce ne serait pas rétablir à leur profit l'action *quanti minoris* que la loi a expressément abolie, même dans l'hypothèse d'acquisition d'animaux atteints de vices rédhibitoires, lorsqu'elle a dit que l'action en réduction de prix autorisée par l'art. 1464, code civ., ne pourra être exercée dans les ventes et échanges des animaux énoncés dans son art. 1er? » (Voyez *Journal du palais*, 1842, t. II, p. 734, à la note qui se trouve sous l'arrêt de Bourges ci-dessus.)

Cette doctrine comprend aussi bien le cas où il n'y a pas eu de manœuvres frauduleuses de la part du vendeur que celui où il y en a eu.

Mais, dans le système contraire, on répond, et avec raison, que l'art. 1382 du code civil veut que « tout fait quelconque de l'homme qui cause à autrui un dommage oblige celui par la faute duquel il est arrivé à le réparer. » C'est là en effet un principe général, de tous les temps et de tous les lieux, inhérent à toutes les matières, qui les domine toutes. Il ne peut y être dérogé que par une disposition expresse et formelle du législateur. Or cette dérogation ne se trouve point écrite dans la loi du 20 mai 1838. La question qui nous occupe ne pouvait d'ailleurs être prévue par cette loi, puisque son but unique a été d'établir la nomenclature des *vices* qui, seuls, entraîneraient la *résiliation* du marché, et un *délai uniforme* pour l'exercice de *l'action* rédhibitoire.

Ce dernier système est conforme à l'opinion qui a été émise lors de la discussion de la loi du 20 mai 1838, à la chambre des pairs, par M. Girod (de l'Ain), et à la chambre des députés par MM. Lherbette et Gillon. (Voyez *Discussion de l'art.* 5, chambre des pairs, *séance* du 19 février 1838, *Moniteur* du 20 février, p. 35, col. 2e; — *Rapport* de M. Lherbette à la chambre des députés, *séance* du 24 avril, *Moniteur* du 25 avril, p. 1020, col. 3e; — *Discussion des articles*, p. 1055, col. 1re.)

Il importe cependant, dans l'intérêt de la

morale publique, d'établir une différence entre le cas où le vendeur n'a pas employé des manœuvres frauduleuses et celui où il en a employé. Ainsi, nous pensons que, dans le premier cas, les dommages-intérêts prononcés contre le vendeur ne devront être que l'équivalent du dommage souffert par l'acheteur, tandis que, dans le second, les tribunaux pourront, en sus des dommages-intérêts ci-dessus, condamner le vendeur envers l'acheteur à d'autres dommages-intérêts qui seront considérés comme constituant la répression des manœuvres frauduleuses dont l'acheteur aura été victime. Le *quantum* de ces derniers dommages-intérêts est laissé à l'appréciation des tribunaux (1).

---

(1) Le tribunal civil de Versailles et la cour royale de Paris viennent de confirmer cette manière de voir. Nous donnerons l'exposé de l'affaire tel que vient de le publier M. Bouley jeune, vétérinaire, à Paris, l'un des experts, dans le numéro d'avril 1844 du *Recueil de médecine vétérinaire pratique*.

Un sieur Alain, cultivateur à la Grande-Ile-de-Vaux,

présenta, le 31 juillet 1843, à M. Dabrugeon, vétérinaire à Meulan, un cheval affecté d'un engorgement *farcineux* aux deux extrémités postérieures. Ce vétérinaire prescrivit le traitement convenable et prévint le propriétaire que son animal était atteint d'une maladie contagieuse; il l'invita, en conséquence, à le séparer de ses autres chevaux et à le lui représenter sous huitaine, ce qu'il fit exactement. M. Dabrugeon ne remarqua alors aucun changement sensible dans l'état de son malade. Depuis cette époque (8 août), cet animal fut abandonné dans une prairie et confié aux soins de la nature jusqu'au 14 septembre suivant, jour où ledit sieur Alain vendit à un sieur Paul Motte, moyennant 2,178 fr., une monture de ferme, composée d'instruments aratoires et de bestiaux, parmi lesquels se trouvait le cheval *farcineux* que M. Dabrugeon avait traité. Le sieur Motte, qui ignorait cette dernière circonstance, se servit de cet animal jusqu'au 1er octobre, sans observer chez lui le moindre signe de maladie. Ayant alors remarqué un léger flux par les deux naseaux, il s'empressa d'en prévenir son vendeur, qui lui recommanda d'abord de ne point consulter de vétérinaire, et le tranquillisa ensuite, en lui donnant l'assurance que ce *jetage* dépendait d'un reste de *gourme*. Confiant dans le sieur Alain, le sieur Motte resta dans la plus grande sécurité jusqu'au 6 novembre, jour où il consulta M. Dabrugeon, qui alors remarqua tous les signes de la morve la plus invétérée.

Connaissant les circonstances qui avaient précédé la vente, et ne doutant point que le cheval n'eût été livré malade, M. Dabrugeon fit tous ses efforts pour amener le sieur Alain à un arrangement amiable que celui-ci refusa toujours, en invoquant l'expiration du délai de garantie. Ne pouvant rien obtenir et désespérant d'atteindre son but, M. Dabrugeon prit le parti de faire sa déclaration à l'autorité municipale, et le 10 novembre, sur l'ordre de M. le maire de la commune de Vaux, l'animal fut abattu et enfoui, conformément aux règlements de police sanitaire, sans que l'autopsie en fût faite.

Quelques jours après, de graves difficultés s'étant élevées entre l'acquéreur et le vendeur, l'autorité locale, sur la demande du sieur Motte, ordonna l'exhumation du corps de l'animal et chargea M. Dabrugeon et M. Perrier, vétérinaire au 2ᵉ régiment de lanciers, de procéder à l'ouverture du cadavre. Ces deux experts remplirent immédiatement la mission qui leur avait été confiée, et, après examen fait, dressèrent un procès-verbal constatant l'existence des lésions organiques qui caractérisent la *morve chronique*, portée au degré le plus élevé, et attestant, en outre, que cette affection, suite du *farcin*, remontait à une origine de plus de trois mois, et par conséquent à une époque antérieure à la vente.

Muni de cette pièce, le sieur Paul Motte remit à M. le procureur du roi de Versailles une plainte fondée sur ce qu'Alain, détenteur d'un animal atteint ou soupçonné d'être atteint d'une maladie contagieuse, n'avait pas fait à l'autorité municipale la déclaration voulue par l'art. 459 du code pénal. Sur citation donnée à Alain par le ministère public devant le tribunal correctionnel, Paul Motte se porta partie civile et réclama 952 fr. à titre de dommages-intérêts.

Le 16 janvier 1844, le tribunal civil de Versailles, jugeant correctionnellement, après avoir entendu l'exposé de l'affaire présenté par le substitut du procureur du roi, les témoins et leurs dépositions, parmi lesquels figuraient MM. Dabrugeon et Perrier, enfin le prévenu, son avoué et celui de la partie civile, a rendu le jugement suivant, que nous croyons devoir rapporter textuellement.

« Le tribunal, — après en avoir délibéré conformément à la loi, jugeant en audience publique et en premier ressort; — en ce qui touche l'action publique, — attendu qu'il résulte des débats la preuve que, le 30 juillet dernier, Alain a conduit un cheval malade chez le sieur Dabrugeon, vétérinaire à Meulan; — que celui-ci a fait connaître à Alain que ce cheval était atteint d'une maladie *contagieuse*, puisqu'il lui a recommandé de le tenir isolé de tous autres; que cette recommandation seule suffisait pour établir qu'à ce moment Alain était détenteur d'un animal au moins soupçonné d'être atteint d'une maladie contagieuse; — attendu que dans ce dernier cas il devait sur-le-champ avertir le maire de la commune, et tenir le cheval renfermé; — attendu qu'il est constant et reconnu qu'Alain n'a pas rempli cette formalité, ce qui établit à sa charge le délit prévu et puni par l'art. 459 du code pénal; — mais attendu qu'il existe dans la cause des circonstances atténuantes, ce qui permet l'application des dispositions finales de l'art. 463 du même code; — faisant application des articles précités, — condamne Alain en 100 fr. d'amende; — en ce qui touche l'action civile : — à l'égard de la fin de non-recevoir, — attendu que s'il est vrai qu'aux termes de l'art. 3 de la loi du 20 mai 1838, l'action rédhibitoire doit être intentée dans les neuf jours, depuis et non compris celui fixé pour la livraison, cet article ne saurait s'appliquer à l'espèce; — qu'en effet, il ne s'agit pas d'une action rédhibitoire, en restitution de prix, mais bien d'une action en dommages-intérêts à raison des vices cachés et qui étaient connus du vendeur (art. 1645 du code civil); — attendu que, dans l'espèce, Alain savait pertinemment que le cheval vendu par lui à Motte était soupçonné d'être infecté d'une maladie contagieuse; — qu'il n'a pas prévenu l'acheteur de la maladie de ce cheval; — que s'il l'avait prévenu ou s'il avait fait dans l'origine sa déclaration au maire, Motte, instruit de la maladie du cheval, d'une manière ou d'une autre, n'en aurait pas fait l'acquisition; — que c'est donc par le fait d'Alain que Motte a été induit en erreur et a fait un marché que sans cela il n'eût pas fait; — que, dès lors, la fin de non-recevoir, tirée de l'art. 3 de la loi du 20 mai 1838, n'est pas admissible; — au fond : — attendu qu'Alain doit réparation du tort qu'il a causé; — attendu que la somme demandée par Motte est exagérée, et que celle de 700 francs est suffisante; — sans s'arrêter ni avoir égard à la fin de non-recevoir invoquée par Alain, et dont il est débouté; — condamne Alain à payer à Paul Motte, à titre de dommages-intérêts, la somme de 700 fr., etc., etc. »

Peu satisfait de ce résultat, et d'ailleurs trop confiant dans la prétendue bonté de sa cause, le sieur Alain interjeta appel de ce jugement devant la cour royale de Paris. Mise au rôle, cette cause vint le 2 mars dernier devant la chambre des appels correctionnels, présidée par M. le conseiller Moreau.

Dans cette première audience, Me Loiseau, avocat du sieur Alain, a prétendu que la jurisprudence adoptée par le tribunal civil de Versailles ne pouvait être admise, en ce sens qu'elle était tout à fait contraire aux sages dispositions de la loi du 20 mai 1838, qu'elle rendait illusoires et stériles. Il s'est ensuite appliqué à démontrer les conséquences funestes que pouvait avoir, selon lui, le système des premiers juges, et a demandé que leur décision fût infirmée.

Me Joubert, avocat du sieur Motte, a soutenu, au contraire, le bien-jugé, et s'est appuyé sur un arrêt de la cour royale de Rouen, tout à fait applicable à l'espèce, rendu le 22 novembre 1839. (Voir *suprà*, p. 204.)

Enfin, M. l'avocat général Bresson, tout en concluant à la confirmation du jugement, quant à la condamnation correctionnelle, a pleinement adopté le système de défense développé par Me Loiseau, et a pensé, comme lui, que la partie civile n'était point recevable en sa demande.

La cour, désirant s'éclairer sur quelques points de médecine vétérinaire soulevés par le débat, a remis le prononcé de son arrêt au 16 mars, et a fait assigner M. Dabrugeon et nous, pour l'audience de ce jour.

Notre confrère, M. Dabrugeon, interrogé le premier, a reproduit dans sa déposition une partie des documents relatifs à la cause que nous avons déjà exposée. Il a ensuite affirmé à la cour que la *morve* régnait dans l'écurie du sieur Alain, dès le mois d'août 1843, et qu'un cheval appartenant au sieur Motte père, avait *contracté cette maladie en cohabitant*, depuis le 20 septembre jusqu'au 9 novembre, avec l'animal qui fait le sujet du procès. Enfin, interpellé sur l'identité de la morve et du farcin, M. Dabrugeon a répondu affirmativement.

Appelé à notre tour, M. le président nous a adressé les questions suivantes :

1° Peut-on considérer la morve et le farcin comme deux maladies analogues ?

2° Ces deux affections sont-elles contagieuses?

3° Un cheval ayant été atteint du farcin est-il, par ce seul fait, plus disposé qu'un autre à contracter la morve?

4° Enfin, le détenteur d'un cheval morveux doit-il être tenu d'en faire la déclaration à l'autorité administrative?

Passant successivement en revue ces quatre questions, nous avons répondu d'abord à la cour que la morve et le farcin étaient deux maladies identiques qui naissaient et se développaient sous l'influence des mêmes causes, qu'elles avaient leur principal siége dans le même appareil organique (le système lymphatique) et que souvent même elles se convertissaient l'une en l'autre : qu'en effet, on voyait fréquemment la morve succéder au farcin, et quelquefois le farcin compliquer la morve.

Abordant ensuite la question de la contagion, après avoir dit à la cour qu'il y avait, à ce sujet, dissidence parmi les vétérinaires, nous avons ajouté que les discussions scolastiques ne devaient jamais pénétrer dans le sanctuaire de la justice; qu'aux yeux de la loi la *morve* et le *farcin* étaient réputés *maladies contagieuses*, et que dans notre opinion ils devaient toujours être considérés ainsi par les tribunaux.

Enfin, après avoir fait observer à MM. les conseillers que la troisième question trouvait naturel-

conseillers que la troisième question trouvait naturellement sa solution dans les explications que nous avions données en traitant la première, nous avons terminé notre déposition en rappelant à la cour que l'arrêt du conseil d'État du roi du 16 juillet 1784 et l'art. 459 du code pénal réglaient toujours la matière en police sanitaire, qu'ils imposaient au détenteur d'un animal atteint d'une maladie contagieuse le devoir d'en faire sa déclaration à l'autorité administrative, et que personne ne pouvait s'y soustraire; qu'à la vérité, cette formalité était souvent inobservée, mais qu'elle n'en était pas moins obligatoire.

Les questions qui nous avaient été posées étant toutes résolues, la cour est entrée de suite en délibération, et peu d'instants après elle a rendu l'arrêt suivant que nous reproduisons textuellement.

« La cour, — en ce qui touche l'action civile, — considérant que la loi du 20 mai 1838 n'a eu pour objet que de fixer les délais dans lesquels pourraient être intentées les actions civiles résultant des vices rédhibitoires en dehors des cas où la dissimulation de ces vices constituerait un délit; — considérant que cette loi n'a point dérogé aux dispositions du code d'instruction criminelle, qui autorisait toute personne lésée par un délit, à en demander la réparation; — que dans la cause il est constant qu'Alain a vendu à Motte un cheval qui était atteint depuis plusieurs mois de la maladie contagieuse qui a nécessité l'ordre de le faire abattre, et qu'Alain l'avait fait traiter par un vétérinaire pour ladite maladie; — qu'ainsi Motte est recevable dans sa demande; — adoptant au surplus les motifs des premiers juges, confirme. »

Cet arrêt est également rapporté dans la *Gazette des tribunaux*. (Voyez numéro du 17 mars 1844.)

CHAPITRE VI.

DE LA GARANTIE CONVENTIONNELLE.

La loi du 20 mai 1838 n'a point ôté au vendeur le droit de s'affranchir de la garantie légale, et à l'acheteur celui de demander au vendeur de lui garantir que tel autre vice non dénommé par la loi n'existe pas. C'est ce qui a été reconnu par M. Lherbette lui-même, rapporteur, à la chambre des députés, de la loi du 20 mai. « On sent, a dit en effet M. Lherbette, que la loi actuelle ne réglera que les marchés où la convention ne sera pas intervenue expresse ou tacite; que la convention peut évidemment dispenser de la garantie pour des cas rédhibitoires, ou l'étendre jusqu'à des cas non rédhibitoires de plein droit. » (Voyez Duvergier, *Collection des lois*, 1838, p. 330.)

La garantie conventionnelle a sa base dans l'article 1134 du code civil, qui dispose que « les conventions légalement formées tiennent lieu de loi à ceux qui les ont faites, » et dans l'article 1643 du même code ainsi conçu : « Le vendeur est tenu des vices cachés, quand même il ne les aurait pas connus, à moins que, dans ce cas, il n'ait stipulé qu'il ne sera obligé à aucune garantie. »

Il résulte de la combinaison de ces deux articles que le vendeur ne peut s'exempter, par la stipulation qu'il ne sera obligé à aucune garantie, des vices rédhibitoires énumérés dans l'art. 1er de la loi du 20 mai 1838, qu'autant qu'il a ignoré ces vices ; s'il les a connus, et qu'au lieu de le déclarer, il ait laissé l'acheteur dans l'ignorance, la simple stipulation de non-garantie ne saurait l'affranchir. L'art. 1643 précité n'a été fait que pour le cas de *bonne foi* de la part du vendeur.

Si, au lieu d'être faite avec une simple stipulation de non-garantie, la vente d'un des animaux compris dans la loi du 20 mai 1838 avait eu lieu *aux risques et périls* de l'acheteur, nous pensons avec M. Troplong (Traité *de la vente*, t. 2, n° 560) que cette clause, beaucoup plus énergique que la stipulation de non-garantie, aurait pour effet d'empêcher que le vendeur fût garant, alors même qu'il aurait connu le vice rédhibitoire dont l'animal était atteint.

Si la garantie légale peut être diminuée et même anéantie complétement, on peut aussi stipuler, comme nous l'avons dit, que le vendeur sera garant pour des cas et pour des vices qui n'ont point été désignés dans la loi du 20 mai 1838, soit qu'ils aient été exclus de l'application de cette loi, soit qu'ils aient été omis. Ainsi, une personne peut demander à un marchand de vaches laitières de lui garantir que la vache donnera au moins huit litres de lait, ou bien qu'elle n'a que tel âge. Un acheteur peut demander au vendeur de lui garantir que le cheval n'est pas méchant, qu'il a une bonne vue, qu'il n'a que tel âge. Il peut exiger que le vendeur lui garantisse non-seulement *la boiterie intermittente pour cause de vieux mal,* mais encore toute espèce de boiterie. Cette dernière garantie résulte suffisamment de la clause suivante insérée par le vendeur au bas de la quittance qu'il remet à l'acheteur en échange du prix : « *Je garantis que le cheval n'est pas boiteux.* » La cour royale de Rouen l'a avec raison jugé ainsi, suivant arrêts des 24 août et 14 novembre 1842, *affaire* Vaussard C. marquis de Croix (1).

---

(1) 12 juin 1842, Vaussard achète du marquis de Croix un cheval dit de race anglaise, du nom de *Silvio,* moyennant 3,500 fr. Dans la quittance donnée par le vendeur ledit jour, on lit en *post-scriptum :* « Je garantis que le cheval *Silvio* n'est pas boiteux. » — Vaussard s'aperçoit peu de temps après que *Silvio* est boiteux. — 20 juin, requête à M. le juge de paix à l'effet de nommer un expert. — Cet expert constate que le cheval est atteint *d'une forte boiterie sans cause apparente.*

21 juin 1842, assignation par Vaussard au marquis

Si le vendeur garantit l'animal *sain et net*, la rédhibition a lieu pour tous les défauts nuisibles antérieurs à la vente, comme pour ceux spécifiés dans la loi; mais il faut que

---

de Croix, devant le tribunal civil de Bernay, pour voir dire que la vente du cheval dont il s'agit sera déclarée nulle, et s'entendre condamner à reprendre le cheval et à restituer le prix. — 3 août, Vaussard est déclaré non recevable et mal fondé dans son action.

Appel. — 24 août 1842, 1er arrêt qui annule, faute de prestation de serment, le procès-verbal de l'expert, et désigne de nouveaux experts pour procéder à la visite du cheval. — 30 août, dépôt du procès-verbal des nouveaux experts, par lequel ils constatent que le cheval est boiteux du membre antérieur droit, que cette boiterie est antérieure à la vente et devait exister au moment de la livraison.

14 novembre 1842, 2e arrêt : « La cour, — attendu qu'il résulte du procès-verbal des experts dressé le 30 août dernier, en exécution de l'arrêt de la cour du 24 du même mois, que le cheval vendu par le marquis de Croix est atteint de boiterie; — que le vendeur a généralement garanti toute espèce de boiterie ; — que les conventions légalement formées tiennent lieu de lois à ceux qui les ont faites ; — homologue le rapport

cette clause soit écrite, car, en termes verbaux de marchands de chevaux et de bestiaux, *sains et nets* signifient seulement *exempts de vices rédhibitoires.*

C'est le plus souvent par le reçu délivré par le vendeur à l'acheteur, en échange du prix, qu'est constatée l'existence de la convention relativement à la garantie; mais rien ne s'oppose à ce que ces deux actes soient séparés.

Il est d'autant plus important pour l'acheteur que *la garantie conventionnelle soit écrite*, qu'en général la preuve par témoin

---

des experts, en date du 30 août dernier, ordonne la restitution des 3,500 fr., etc. » (*Journal du palais*, 1842, t. II, p. 699.)

Ce dernier arrêt a été déféré à la cour de cassation; mais, le 20 juillet 1843, la chambre des requêtes a rejeté le pourvoi, par le motif que l'arrêt attaqué, en annulant la vente pour boiterie simple ou sans cause apparente, n'avait fait qu'appliquer la loi du contrat. (Voyez *Gazette des tribunaux*, du 22 juillet 1843; *Journal du palais*, 1843, t. II, p. 502.)

n'est plus admise quand le prix de l'objet vendu excède la somme de 150 fr. (1).

La garantie conventionnelle peut avoir pour objet non-seulement des vices ou défauts non compris dans l'art. 1er de la loi du 20 mai 1838, mais encore la *durée de la garantie légale*. Ainsi un acheteur, craignant qu'un vice rédhibitoire ne se déclare après l'expiration du temps de garantie fixé par la loi, demande au vendeur de prolonger cette durée ; si celui-ci y consent, il est garant du vice si le vice se manifeste pendant l'époque convenue. Dans ce cas, le vendeur

---

(1) Cela résulte de l'article 1341 du code civil, ainsi conçu : « Il doit être passé acte devant notaires, « ou sous signature privée, de toutes choses excédant « la somme ou la valeur de 150 francs, même pour « dépôts volontaires, et il n'est reçu aucune preuve « par témoins contre et outre le contenu aux actes, ni « sur ce qui serait allégué avoir été dit avant, lors ou « depuis les actes, encore qu'il s'agisse d'une somme « ou valeur moindre de 150 francs.

« Le tout sans préjudice de ce qui est prescrit dans « les lois relatives au commerce. »

doit même spécifier que la prolongation de la garantie est pour tel vice seulement, sinon elle s'entendrait pour tous les vices rédhibitoires, et lui, vendeur, pourrait devenir responsable de ceux qui se manifesteraient pendant le délai fixé, sans même qu'ils eussent préexisté à la vente.

Indépendamment de la garantie conventionnelle dont nous venons de parler, il en existe une autre : c'est la garantie conventionnelle *tacite* qui a lieu dans les marchés dits *de confiance*, c'est-à-dire où l'acheteur n'a pas vu l'objet du marché, et où il s'en est rapporté à la bonne foi du vendeur pour lui procurer un animal capable de remplir un but déterminé.

Dans un marché fait de cette manière, le vendeur devient responsable de tous les défauts ou vices visibles ou non visibles qui empêchent l'animal de remplir le but pour lequel il a été demandé, ou qui diminuent beaucoup le prix qu'on était convenu d'en donner. Le vendeur a abusé de la confiance qu'on lui manifestait, il doit porter la peine de cet abus de confiance.

CHAPITRE VII.

DES VICES RÉDHIBITOIRES DANS LES ANIMAUX
DESTINÉS A LA CONSOMMATION.

Des bœufs sont amenés de fort loin pour la consommation des grandes villes ; les frais de route sont d'autant moins considérables que les animaux mettent moins de temps à faire le chemin, et pour arriver à cette économie les marchands leur font faire des étapes très-longues qui les harassent.

Cette fatigue des bœufs engraissés est même avantageuse dans certains cas au marchand, par la raison qu'elle facilite la vente *en rendant les maniements plus apparents*, c'est-à-dire en donnant plus d'apparence, plus de saillie aux signes qui indiquent le poids et la qualité de l'animal.

Mais, chez quelques animaux, il résulte de ces fatigues extraordinaires des inflammations gangréneuses, charbonneuses, qui les enlèvent en fort peu de temps, dont les signes se confondent avec les signes de la fatigue et qui n'apparaissent par des tumeurs extérieures quelquefois qu'après la vente faite au boucher, quelquefois même qu'après l'abatage à l'ouverture du corps, ou enfin qu'après une mort rapide qui prévient l'abatage.

On ne sera pas étonné de l'apparition de ces maladies, quand on pense au sort auquel sont soumis ces animaux qui, d'une position tranquille dans des étables ou dans des pâturages où leur nourriture est abondante et bonne et le repos continuel, passent tout à coup entre les mains des marchands forains, qui les conduisent à marches forcées, sous l'influence des plus mauvais traitements et d'une nourriture toute différente souvent de celle qu'ils recevaient.

Voici le grave inconvénient de cet état de choses.

Le charbon n'étant plus au nombre des vices rédhibitoires, les bouchers n'auraient plus de recours contre les marchands ; alors pour ne pas perdre sur le prix de l'animal, ils n'auraient d'autre moyen que de le faire consommer ; et c'est ce qui arriverait *malheureusement trop souvent*, attendu que, l'absence de la garantie déterminant un *plus grand surmenage des bestiaux par les marchands forains*, les cas *de mort par le charbon* se multiplieraient. Or l'on sait que, s'il y a des sortes de viandes dont on doive interdire la consommation, c'est surtout celle des animaux attaqués du charbon.

Objectera-t-on que dans les abattoirs de Paris, où les étables des bouchers sont comprises dans l'enceinte placée sous la surveillance d'*inspecteurs de police*, cet accident serait difficile ? on se tromperait : il pourrait avoir lieu, parce qu'aussitôt *qu'une enflure de mauvaise nature, ou une fièvre de mauvais caractère* apparaîtrait sur un bœuf, le boucher se hâterait de le tuer et de le dépecer en faisant disparaître les parties qui pourraient indiquer quelques traces de la maladie. D'ailleurs *les inspecteurs de police* ne sont pas aptes à juger de la qualité des viandes ; ils ne surveillent point et ne peuvent surveiller l'abatage ; pour avoir connaissance de la maladie d'un animal, il faudrait que le boucher les en prévînt, et celui-ci serait trop intéressé à ne pas lui révéler le fait. C'est ce qui a eu lieu, il y a quelques mois, à la suite d'un jugement rendu par le tribunal de Versailles en faveur du vendeur : plusieurs bœufs et vaches *morts* ont été livrés à la consommation parce que les *bouchers ont craint d'en perdre le prix.*

Dans les campagnes, où une surveillance sur les abattoirs particuliers n'est point exercée, il pourrait se consommer plus souvent encore de ces sortes de viandes. Peut-être n'y a-t-il pas autant de danger dans leur consommation qu'on est enclin à le supposer, mais il peut y en avoir cependant : elle est donc défendue, et c'est un mal de ne pouvoir empêcher de la vendre ; sans parler de l'inconvénient qu'il y a toujours à mettre forcément l'intérêt pécuniaire en opposition avec les règlements d'administration.

Sous la jurisprudence commerciale que l'art. 1641 du code civil avait créée, l'inconvénient dont nous venons de parler n'existait point ; les bouchers qui avaient gagné des procès contre les marchands de bœufs, dans le cas dont il s'agit, n'avaient pas intérêt à se mettre en contravention avec les ordonnances administratives sur le débit de la viande de boucherie. Quand, *le lendemain* de l'achat d'un bœuf, ils s'apercevaient de l'apparition d'une tumeur ou d'une maladie de nature charbonneuse, ou si le bœuf venait à mourir d'une maladie de ce genre, ils pouvaient se mettre en mesure de faire résilier le marché, et le concours des tribunaux ne leur manquait pas : il ne pouvait y avoir doute pour aucun expert vétérinaire que la maladie ne fût la suite des fatigues de la route, et, par conséquent, sa cause antérieure à la vente et du fait du marchand forain.

D'ailleurs, quand la mort du bœuf arrivait avant son abatage, les règlements anciens de la boucherie mettaient l'animal à la charge du marchand, parce que ces règlements défendaient de mettre en vente la viande d'un animal mort de maladie inconnue.

Dans cet ordre de choses, aucune viande d'animal mort du charbon, ou seulement dans des cas exceptionnels très-rares, n'était livrée à la consommation ; l'intérêt des bouchers, des bons bouchers au moins, était en accord avec l'intérêt général ; il n'en aurait pas été de même si la loi du 20 mai 1838, qui n'a point prévu l'inconvénient dont il s'agit, avait été obligatoire sans exception.

Heureusement, à la chambre des députés, dans la commission chargée d'examiner le projet de loi, l'inconvénient dont nous venons de parler a été signalé, et le commissaire du gouvernement a déclaré que non-seulement *la loi n'abrogeait pas les règlements particuliers locaux relatifs au commerce de la boucherie,* mais encore que *les animaux vendus comme bêtes de boucherie n'étaient pas considérés comme animaux domestiques*, que, par conséquent, la loi ne leur était pas applicable.

La jurisprudence a consacré l'opinion émise par M. le rapporteur de la commission à la chambre des députés. Ainsi il a été décidé, par trois jugements du tribunal de commerce de Paris et un jugement du tribunal de commerce de Versailles, que les anciennes ordonnances, et notamment l'arrêt de règlement du parlement de Paris, du 4 septembre 1673, renouvelé le 13 juillet 1699 et confirmé par une ordonnance du 1ᵉʳ juin 1782, qui déclarent les marchands forains responsables envers les marchands bouchers de la mort des bœufs destinés à la consommation de la ville de Paris, lorsqu'elle survient dans les neuf jours de la vente, *de quelques maladies que ce soit*, n'avaient été, sous aucun rapport, abrogés par la loi du 20 mai 1838. Les motifs de ces jugements étant identiques, il suffira de rapporter ceux qui ont déterminé le tribunal de Paris.

« Attendu qu'aux termes d'un arrêt de

parlement du 14 septembre 1673, et d'une ordonnance du roi du 1er juin 1782 (article 27), les marchands forains tenant les marchés de Poissy et de Sceaux étaient garants, pendant neuf jours, de la mort de leurs bœufs vendus aux bouchers de Paris; — attendu que ces dispositions, prises spécialement en faveur du commerce des animaux destinés à la consommation, et aussi dans l'intérêt de la salubrité publique, ont trouvé plus tard leur sanction dans les termes généraux de l'art. 1641, code civil, ainsi conçu : « Le vendeur est tenu des défauts cachés de la chose vendue qui la rendraient impropre à l'usage auquel on la destine, ou qui diminuent tellement cet usage, que l'acheteur ne l'aurait pas acquise ou n'en aurait donné qu'un moindre prix, s'il les avait connus; » — attendu que si la loi du 20 mai 1838, en réglant quels seraient à l'avenir les vices rédhibitoires qui donneraient ouverture à l'action résultant de l'art. 1641, code civil, n'a point distingué entre les animaux destinés à la consommation et ceux destinés au travail, il convient, avant d'inférer de son silence l'abnégation des anciens règlements, de rechercher dans la discussion de cette loi quelle a été la portée que le législateur a entendu lui donner ; — attendu que, si, d'une part, il est vrai que, d'après l'exposé des motifs présentés par M. le ministre du commerce, cette loi devait avoir une action tellement uniforme, que ceux des vices cachés dont elle ne contiendrait pas la nomenclature ne pourraient plus être invoqués en vertu de l'art. 1641, c. civ., d'une autre part le rapport présenté au nom de la commission de la chambre des députés ne laisse aucun doute sur le sens restrictif de cette loi, et qu'on y remarque notamment qu'elle ne déroge pas aux lois de police sanitaire, qu'elle ne réglera que les marchés où la convention ne sera pas intervenue expresse ou tacite, et qu'elle laisse de côté les questions d'interprétation de convention : par exemple, celle de savoir ce qu'il faudra décider quand l'animal aura été vendu sain et net, et quand il l'aura été pour la consommation et non pour le travail ; — attendu que c'est sur la foi de ces explications que la loi a été votée ; — qu'il en ressort, ainsi que de la discussion qui l'a précédée, qu'elle était destinée à mettre un terme aux inconvénients qui résultaient de l'appréciation des vices rédhibitoires et des fixations des délais d'après les usages des différentes provinces, en limitant pour l'avenir ces vices à ceux que la science signale le plus ordinairement ; mais qu'elle devait laisser à la jurisprudence l'appréciation des diverses natures de convention que la loi ne peut ni prévoir ni régler ; — attendu que les bœufs vendus à Poissy et à Sceaux doivent être immédiatement livrés à la consommation ; qu'il est interdit aux bouchers de livrer des animaux morts ; que la convention tacite ressort évidemment d'un marché de cette nature, où il s'agit moins d'un animal domestique que d'une marchandise dite viande sur pied ; — le tribunal déclare nulle la vente du bœuf dont il s'agit, décédé d'une maladie contractée avant la vente. »

Sur l'appel, la cour royale de Paris,

par arrêt du 18 mai 1839 (*aff*. Doublet et autres C. Rion et autres), adoptant les motifs des premiers juges, a confirmé purement et simplement le jugement qui précède. (Voy. *Journal du palais*, 1839, t. I, p. 590.)

Le pourvoi formé contre cet arrêt a été rejeté, le 19 janvier 1841, par la cour de cassation (chambre civile). Voici les motifs de l'arrêt rendu par cette cour :

« Attendu que l'arrêt de règlement rendu par le parlement de Paris le 4 septembre 1673, renouvelé par un autre arrêt de règlement du 13 juillet 1699 et confirmé par une ordonnance du roi du 1er juin 1782, constitue un règlement spécial aux marchés de Sceaux et de Poissy, qui approvisionnent la ville de Paris régie, à plusieurs égards, par des règlements exceptionnels ; — attendu qu'en consultant soit les termes, soit l'esprit des dispositions législatives précitées, on demeure convaincu qu'elles n'ont point eu pour but essentiel de déterminer, au point de vue du droit civil, des vices rédhibitoires en matière de ventes d'animaux, vices que l'ancienne législlation, comme le code civil lui-même avant la loi du 20 mai 1838, abandonnait à l'usage des lieux ; — qu'en effet, lesdites dispositions, outre qu'elles ne s'appliquent qu'à une espèce d'animaux et à deux marchés, manifestement dans le rapport qu'ils ont avec la ville de Paris, ne sauraient s'expliquer par les principes relatifs à l'action rédhibitoire ; — que la responsabilité à laquelle elles soumettent les marchands de bœufs envers les bouchers, pendant un délai fixe, a lieu, pour toute espèce de maladies, en cas de mort des animaux seulement, et à la charge de certaines mesures prescrites aux bouchers relativement à la conduite à Paris et à la nourriture des bœufs ; — qu'à ces caractères il faut reconnaître qu'un règlement exceptionnel déterminé par des considérations particulières à la ville de Paris, fondé sur des motifs de police et de salubrité publique, et que n'a point abrogé la loi du 20 mai 1838, en réglant sous un point de vue général les cas et les délais de l'action rédhibitoire en matière de ventes d'animaux, n'a voulu qu'établir dans cette partie de la législation une désirable uniformité. » (Voy. *Journal du palais*, 1841, t. I, pag. 213.)

Le tribunal de commerce de Paris et celui de Versailles ont, depuis, reconnu encore la force obligatoire de l'arrêt de règlement du 4 septembre 1673. (Voir les décisions ci-après rapportées.)

La loi du 20 mai 1838 étant inapplicable aux ventes d'animaux destinés à la consommation, lesquelles sont régies pour la ville de Paris par des règlements spéciaux et particuliers, faut-il en conclure que la disposition de loi qui exige le serment des experts appelés à constater les vices rédhibitoires dont sont atteints les animaux destinés à rendre des services domestiques, n'est pas applicable aux experts nommés pour visiter les animaux destinés à la consommation?

Et d'abord voyons comment on procède en cette matière.

Des règlements de police sur la salubrité de la ville de Paris ordonnent que les animaux destinés à la consommation qui meurent avant d'entrer dans les abattoirs mêmes seront, après inspection, transportés à la ménagerie du Jardin du roi pour servir de pâture aux bêtes qui y sont enfermées. Or, avant que ces animaux soient dépecés, le boucher acquéreur doit, conformément à l'ordonnance du 25 mars 1830, *sur la police des abattoirs*, présenter une requête au président du tribunal de commerce, qui, sur cette requête, commet deux experts à l'effet de constater les causes de la mort. L'expertise a lieu *sans serment préalable* de la part des experts, et presque toujours en l'absence du vendeur. Ce n'est ordinairement que quand l'acheteur est muni du procès-verbal qu'il lui demande la restitution du prix. De là, et très-souvent, s'élève un débat amiable ou judiciaire entre l'acquéreur et le vendeur, soit sur la forme du procès-verbal, soit sur sa sincérité, sur les conséquences des vices rédhibitoires signalés par ce procès-verbal. Le corps de l'expertise ayant disparu, il n'y a plus de contre-vérification possible, et alors cette seule et unique expertise, par le fait devient pour ainsi dire la loi des parties et celle de la justice pour l'appréciation des réclamations.

La question que nous avons posée a donc une grande importance pour le commerce de la boucherie de Paris. Le tribunal de commerce de Paris l'a résolue affirmativement, le 29 juin 1843, par le jugement suivant :

« Le tribunal, après en avoir délibéré : — *En ce qui touche l'exception opposée par le défendeur et tendant à la nullité du procès-verbal d'expertise faute par les experts d'avoir prêté serment aux termes des art. 303 et 305 du code de procédure civile :* attendu qu'il s'agit d'examiner si les dispositions de la loi du 20 mai 1838 sur les vices rédhibitoires sont applicables aux ventes des animaux destinés à la consommation ; — attendu que ces ventes de marchandises, dites *viandes sur pied*, sont régies par des règlements spéciaux ; — que l'arrêt de règlement du parlement de Paris, en date du 4 septembre 1673, renouvelé le 13 juillet 1699 et confirmé par une ordonnance du roi du 1er juin 1782, dispose que les marchands forains tenant marché de Poissy et de Sceaux sont garants, pendant neuf jours, de la mort des bœufs vendus aux bouchers de Paris; — attendu que la loi du 20 mai 1838 ne dispose évidemment que pour les ventes d'animaux devant rendre des services domestiques; — qu'il résulte en effet de l'ensemble des dispositions de cette même loi, de l'exposé des motifs présentés par le ministre du commerce, et de la discussion à laquelle elle a donné lieu, qu'une distinction devait être formellement établie entre les ventes des animaux destinés au travail et celle des animaux considérés comme marchandises dites *viandes sur pied*; — qu'à l'égard des dernières ventes, il n'était en rien dérogé aux règlements spéciaux qui régissent la matière surtout en ce qui concerne les précautions sanitaires; — attendu que, dans l'origine et sous l'empire des règles spéciales, la constatation du décès des animaux destinés à la consommation de Paris, était faite par le lieutenant de police et par deux jurés de la communauté des bouchers; — qu'après la suppression des jurandes, le président du tribunal de commerce fut chargé de désigner deux artistes vétérinaires pour cette constatation ; — que l'ordonnance du 25 mars 1830, qui règlemente la boucherie de Paris, a maintenu le président du tribunal de commerce dans cette attribution ; — que jamais il n'y a eu de la part de ces experts obligation de prêter serment ; — qu'en effet, cette formalité forcerait à un délai et entraînerait un retard qui rendrait l'expertise inutile ou même dangereuse ; — qu'il y a donc lieu d'appliquer à l'espèce les règles spéciales en dehors du droit commun pour cette mesure d'urgence et commandée par l'intérêt de la salubrité publique ; — attendu que de ce qui précède il résulte que les dispositions de la loi du 26 mai 1830 ne sont point applicables à l'espèce ; — qu'il n'y avait donc pas lieu de recourir aux formes prescrites pour la prestation de serment des experts ; — par ces motifs, *rejette* l'exception. — *Au fond :* attendu que le demandeur a acheté du défendeur le 18 mai dernier, au marché de Poissy, quatre bœufs au prix de 390 fr. chaque ; — que sur ces quatre bœufs, l'un d'eux est mort le 19 du même mois; — attendu qu'il résulte du rapport des experts nommés par M. le président de ce tribunal, dudit jour 19 mai, que le bœuf dont s'agit est mort d'une gastro-entérite aiguë; — que cette affection, quoique récente, remontait néanmoins par son origine et par ses causes à une époque antérieure à la vente; — que, conséquemment, le défendeur doit être garant envers le demandeur; — par ces motifs, le tribunal condamne Lecampion, par toutes les voies de droit et même par corps, à payer à Gueret la somme de 357 fr. 20 cent., faisant avec celle de 32 fr. 80 cent. pour cuir et suif la somme de 390 fr., prix du bœuf dont s'agit, avec les intérêts tels que de droit, et le condamne aux dépens. » (Voyez *Gazette des tribunaux* du 1er juillet 1843; *Bulletin des tribunaux* du 1er juillet 1843.)

Dans son audience du 14 juillet 1843, le tribunal de commerce de Paris, présidé par M. Chevalier, persistant dans sa jurisprudence, a de nouveau déclaré le serment non obligatoire. (Voyez *Bulletin des tribunaux* du 15 juillet 1843.)

Mais, par un jugement du 12 juillet 1843, le tribunal de commerce de Versailles, présidé par M. Bourotte, a décidé, contrairement à la jurisprudence du tribunal de commerce de Paris, que la prestation de serment devait être exigée des experts nommés pour visiter les animaux destinés à la consommation. Ce jugement est ainsi conçu :

« Attendu, *en fait*, que Charles Mech a acheté à Delaunay, sur le marché de Poissy, du 15 juin dernier, un bœuf destiné à la consommation, moyennant la somme de 370 fr.; — que ce bœuf est mort naturellement le 16 juin, à l'abattoir de Ménilmontant; — et que la mort ainsi que l'état dudit animal ont été constatés par un procès-verbal dressé ledit jour, 16 juin, par les sieurs Vatel et Leblanc, médecins vétérinaires, commis à cet effet par ordonnance rendue le même jour par M. le président du tribunal de commerce du département de la Seine; — *statuant sur le moyen tiré de l'inobservation par les experts des dis-*

positions des art. 303 *et* 305 *du code de procédure civile;* — attendu que la loi du 20 mai 1838 n'est pas applicable aux ventes d'animaux destinés à la consommation; que c'est un point reconnu par la jurisprudence, et que, dès lors, tout argument basé sur cette loi doit être écarté; — mais, attendu qu'aucune loi spéciale, contraire aux art. 303 et 305, code de procédure civile, aucune disposition ayant force de loi, soit antérieure, soit postérieure aux codes civil et de procédure, ne peut être invoquée en cette matière; — qu'en effet les arrêts de règlement du parlement de Paris du 4 septembre 1673 et autres désignaient pour procéder à la constatation de la mort des animaux dits viande sur pied, des jurés dont l'institution a été supprimée par la législation nouvelle, et qu'aucune loi n'a remplacé par de nouveaux officiers judiciaires ceux qui ont disparu avec les anciennes institutions; — attendu que si, dans cet état de choses, l'usage d'abord et ensuite l'ordonnance de police du 25 mars 1830 ont confié au président du tribunal de commerce du département de la Seine le soin de nommer dans son ressort les experts qui doivent constater l'état des animaux morts naturellement, cette manière de procéder était rationnelle et conforme au droit commun, mais que ni l'usage, ni une ordonnance de police, n'ont pu avoir assez d'autorité pour déroger par leur silence à des dispositions de la loi générale destinées à garantir les intérêts des personnes absentes, et pour créer un droit exceptionnel contraire à cette loi générale; considérant que si, en pareille matière, l'intérêt de la salubrité publique exige qu'il soit procédé avec toutes les diligences nécessaires, l'intérêt commercial exige, de son côté, que les droits de toutes les parties, surtout ceux de la partie absente, soient garantis par l'emploi des moyens que la loi prescrit à cet effet; — considérant qu'il est facile de concilier l'exigence de ces divers intérêts; — attendu qu'en l'absence de loi spéciale applicable aux contrats de vente d'animaux dits *viande sur pied*, les articles 1641 et 1648 du code civil doivent servir de règle ; — considérant d'ailleurs que le commerce de la boucherie, en insérant dans le recueil des dispositions réglementaires de son négoce, représenté et invoqué par Mech, le texte des articles 1641 et suivants du code civil, a reconnu que ces articles étaient sa loi commune, celle de toutes les autres industries, et que, si cette corporation se soumet, pour le fond du droit, aux dispositions du code civil, qui régissent les contrats qui lui sont habituels, elle ne pourrait prétendre échapper à l'application des formes de procédure correspondant auxdites dispositions ; — considérant que le serment des experts est obligatoire, et que les sieurs Vatel et Leblanc, dans l'espèce dont s'agit, n'ont pas prêté serment avant de procéder à l'expertise qui leur était confiée ; — par ces motifs, déclare nul le procès-verbal desdits experts. » (Voyez *Gazette des tribunaux* du 14 juillet 1843.)

Pour nous, nous croyons que la jurisprudence du tribunal de commerce de Paris est la plus conforme à l'esprit du législateur et à l'intérêt de salubrité publique et de rapide expédition des affaires de cette nature. En effet, d'une part, l'ordonnance du 25 mars 1830, prise dans les limites du pouvoir exécutif, doit seule servir de guide dans les formalités à remplir pour la régularité des expertises à faire. Or cette ordonnance veut seulement que les experts soient nommés par le président du tribunal de commerce. Elle ne renferme aucune disposition relative à la prestation de serment. D'un autre côté, le serment préalable exigerait un procès-verbal de prestation, la levée de ce procès-verbal, sa signification. De là, par conséquent, des frais considérables et des longueurs que n'admet pas une bonne manière de procéder en cette matière. Il pourrait arriver quelquefois, en effet, que ces longueurs missent l'expert dans l'impossibilité de reconnaître les caractères de la maladie.

Toutefois, la cour de cassation (chambre *des requêtes*) a tout récemment (voy. *Gazette des tribunaux* des 29 et 30 janvier 1844) consacré une doctrine contraire à celle que nous venons de proposer ; les motifs de son arrêt sont ainsi conçus :

« Attendu qu'aux termes des anciens règlements, la mort des bœufs vendus aux bouchers de Paris sur les marchés de Poissy et de Sceaux devait être constatée par des syndics-jurés ou adjoints de la boucherie de Paris, qui avaient prêté le serment de remplir consciencieusement leurs fonctions ; que ces règlements ne pouvant plus s'exécuter aujourd'hui qu'un nouvel état de choses a été substitué à l'ancien sur l'organisation de la boucherie de Paris, il est indispensable de recourir aux règles du droit commun sur les expertises, et que, d'après la disposition de l'art. 305 du code de procédure, auquel la loi du 20 mai 1838 n'a apporté aucune modification, les experts sont tenus de prêter serment avant de procéder à leur opération ; que, conséquemment, le jugement attaqué, en le décidant ainsi, a fait une juste application de l'article précité. »

CHAPITRE VIII.

DES VENTES D'ANIMAUX FAITES PAR AUTORITÉ DE JUSTICE.

La loi du 20 mai 1838 ne s'applique point aux ventes faites par autorité de justice. « Cette loi n'a trait, a dit M. le rapporteur de la chambre des députés, qu'à la détermination des cas rédhibitoires, des délais pendant lesquels l'action peut être intentée, et de quelques formes économiques et abréviatives de procédure. Elle ne déroge à aucun des autres points de droit civil ou de procédure relatifs à la vente, pas plus qu'aux lois de police sanitaire. Ainsi, il n'y est question que des ventes volontaires, *celles faites par autorité de justice demeurant, comme par le passé, affranchies des cas redhibitoires.* » L'art. 1649 du code civil est donc en vigueur.

Les raisons par lesquelles on justifie la disposition de cet article se tirent de ce que l'animal vendu par autorité de justice est adjugé *tel qu'il est*, sur l'exposition qui en est faite publiquement ; de ce que la justice n'est jamais présumée avoir voulu tromper personne ; de ce que l'animal ainsi vendu l'est, plus ordinairement, à un prix inférieur à sa valeur réelle ; et enfin de ce que les ventes par autorité de justice, entraînant des frais plus considérables que les autres, il y aurait un grand inconvénient à les annuler. (Voy. Troplong, traité *de la vente*, t. II, n° 583 ; Duvergier, *de la vente*, t. I, n° 408.)

Mais l'article 1649 ne peut être opposé à l'individu qui a acheté un cheval ou autres bestiaux sur une vente non forcée faite par autorité de justice. Car, pour être revêtue des formalités judiciaires, cette vente ne cesse pas d'être volontaire ; le vendeur n'en demeure pas moins soumis à toutes les obligations qui découlent du contrat de vente. (Duvergier, *loco citato* ; Troplong, n° 585.)

Cependant l'article 1649 ne pourrait avoir pour effet de préserver les officiers publics qui vendraient par autorité de justice des animaux atteints de maladies contagieuses, des peines correctionnelles prononcées par les articles 459, 460 et 461 du code pénal, et des dommages-intérêts dus à l'acheteur pour le tort que ces ventes lui auraient causé.

CHAPITRE IX.

DE L'AUTORITÉ COMPÉTENTE POUR CONNAITRE D'UNE DEMANDE EN RÉSOLUTION FORMÉE POUR VICES RÉDHIBITOIRES, ET DE L'ACTION RÉCURSOIRE DE GARANTIE QUE PEUT FAIRE NAÎTRE CETTE DEMANDE.

1. Avant d'intenter une action en rédhibition, l'acquéreur se rend souvent chez le vendeur pour s'arranger avec lui; et les parties conviennent entre elles de s'en rapporter à un vétérinaire; c'est-à-dire le vendeur de reprendre l'animal si le vétérinaire le trouve affecté d'un vice rédhibitoire, et l'acquéreur de le garder si le vétérinaire juge qu'il n'est pas attaqué de ce vice.

Les parties se présentent alors devant ce

vétérinaire, ou avec l'intention, d'une et d'autre part, de terminer de suite la contestation sur son prononcé, ou avec l'intention de se comporter ensuite comme elles l'entendront, si la décision ne leur convient pas.

Quelquefois une des parties a la ferme résolution de terminer de suite sans appeler de la décision, tandis que l'autre ne veut pas se lier et a l'intention d'en appeler si la décision lui est défavorable : l'une est sans réserve, l'autre ne l'est pas ; il n'y a pas égalité de chances à courir.

Quand les deux parties se présentent ainsi à l'amiable devant un vétérinaire, celui-ci doit donc leur demander quelles sont leurs intentions.

Si elles conviennent de s'en rapporter à lui comme arbitre définitif, sans se réserver l'appel, il doit leur faire rédiger sur papier timbré un acte ou compromis par lequel elles le reconnaissent pour juge unique sans réserve d'appel. (Voyez chap. XII, pièce n° 6.)

Si l'une des parties refuse ce compromis, la visite du vétérinaire devient inutile, à moins que les parties ne persistent à avoir son opinion. Dans ce cas, ce n'est plus qu'une simple consultation demandée au vétérinaire; il n'a qu'à donner son avis. Les parties s'arrangent ensuite comme elles l'entendent.

Dans le cas où les parties consentiraient à la visite de l'animal et à l'arbitrage, en renonçant à l'appel, mais où l'une ne saurait écrire, elles se retireront pour énoncer leur volonté par-devant un officier public, notaire ou juge de paix du lieu, qui rédigera la transaction ou le compromis.

La loi approuve ce genre de terminer les contestations, et a réglé la manière dont il fallait procéder, dans le code de procédure civile, 2e partie, livre III, qui traite uniquement des arbitrages (1).

---

(1) Art. 1003. Toutes personnes peuvent compromettre sur les droits dont elles ont la libre disposition.
Art. 1004.
Art. 1005. Le compromis pourra être fait par procès-verbal devant notaire, ou sous signature privée.

Lorsque chacune des parties choisit un vétérinaire arbitre, comme il peut arriver que les deux arbitres ne soient pas d'accord, il faut nécessairement avoir recours à un tiers arbitre. Dans ce cas, avant de faire la visite de l'animal, les vétérinaires, pour éviter toute lenteur toujours dispendieuse, feront bien de convenir entre eux du tiers arbitre qu'ils prendront et de mettre sur le compromis que, dans le cas de non-accord de leur part, ils conviennent d'agréer tel vétérinaire pour tiers arbitre.

Si la partie condamnée ne tenait point compte de l'arbitrage et n'exécutait point le jugement, l'arbitre ou les arbitres dresseraient procès-verbal de leur opération et de leur jugement, en énonçant qu'ils l'ont rédigé par suite du compromis ; ils en déposeraient la minute, dans les trois jours, au greffe du tribunal de première instance, dans le ressort duquel leur jugement aurait été prononcé. (*Code de procédure civile*, art. 1020.)

Si l'affaire était de la compétence d'un tribunal de commerce, ils pourraient déposer aussi le procès-verbal au greffe de ce dernier tribunal.

Si dans le compromis il y avait un délai fixé pour la prononciation du jugement, l'arbitre ou les arbitres seraient obligés de rédiger le procès-verbal de leur opération dans ce délai : sans cette formalité, le procès-verbal ne serait plus valable en justice.

Dans un arbitrage à deux, si les vétérinaires n'avaient pas été d'accord, et que l'intervention du tiers arbitre fût devenue nécessaire, celui-ci ne devra procéder à l'examen convenu que lorsqu'il aura le procès-verbal signé des deux premiers arbitres.

L'acheteur devra, toutefois, faire attention qu'il faut que l'action rédhibitoire soit intentée judiciairement dans le délai de la garantie, et qu'il faut que ce compromis soit signé avant l'expiration de ce délai. Si le compromis n'était donc pas encore signé un peu avant l'expiration du délai de la garantie, l'acheteur devrait renoncer à l'arrangement à l'amiable, et se hâter de faire signifier par huissier l'action en résiliation pour vice rédhibitoire. Il ferait même toujours très-bien de prendre cette mesure conservatrice de ses droits.

2. Les parties, au lieu de s'en rapporter directement à un vétérinaire, préfèrent souvent s'en rapporter à un juge de paix. Cet arbitrage est entièrement dans les attributions de ce magistrat d'après le code de procédure civile (1); il l'est bien davantage actuellement que la nouvelle loi veut que la requête soit présentée au juge de paix du lieu où se trouvera l'animal.

Le juge de paix nomme un vétérinaire ex-

---

(1) § 7. Les parties pourront toujours se présenter volontairement devant un juge de paix, auquel cas il jugera leur différend, soit en dernier ressort si les lois ou les parties l'y autorisent, soit à la charge de l'appel, encore qu'il ne fût le juge naturel des parties ni à raison du domicile du défendeur, ni à raison de la situation de l'objet litigieux.

La déclaration des parties qui demanderont jugement sera signée par elles, ou mention sera faite, si elles ne savent signer.

pert pour constater l'existence ou la non-existence du vice reproché à l'animal. Si les parties sont d'accord du même vétérinaire, le juge de paix le choisit ordinairement de préférence à tout autre.

Dans ce cas, le juge de paix doit inviter le vétérinaire à ne pas donner son avis devant les parties, mais à le lui donner en particulier. — De cette manière, il se trouve à même d'amener encore les parties à quelque arrangement amiable, tandis que, si celles-ci connaissaient l'opinion de l'expert, celle à qui cette opinion donnerait gain de cause ne voudrait peut-être plus consentir à aucun sacrifice.

Si le juge de paix ne peut amener les parties à aucun accommodement, il prononce son jugement.

Si la partie condamnée refuse d'exécuter le jugement, le juge de paix, après l'avoir fait enregistrer, en fait délivrer expédition en forme pour en poursuivre l'exécution.

La déclaration faite par les parties au juge de paix qu'elles lui demandent jugement sans citation préalable a, comme on le voit, l'effet du compromis.

3. Si l'affaire, par le prix de l'animal, est de la compétence du tribunal de paix, l'acheteur pourra poursuivre le vendeur devant le juge de paix compétent.

Le juge de paix compétent est ou celui du domicile du vendeur, ou celui dans l'arrondissement duquel la promesse a été faite et l'animal livré, ou celui dans l'arrondissement duquel le payement devait être effectué. (Code de procédure civile, art. 420.)

De cette manière, il pourra arriver qu'un juge de paix aura nommé l'expert qui devra visiter l'animal et constater son état (nous avons vu précédemment que le juge de paix qui devait nommer l'expert était toujours celui *du lieu où se trouvait l'animal*), et que l'affaire sera néanmoins portée devant le tribunal d'un autre juge de paix.

Les juges de paix prononcent *sans appel* sur la validité des demandes dans les matières dont la valeur n'excède pas 100 fr., et à la charge de l'appel jusqu'à la valeur de 200 fr.

(Lois des 25 mai et 6 juin 1838 sur *les justices de paix*, art. 1er.)

4. Lorsque l'achat de l'animal atteint d'un vice rédhibitoire a excédé *cent* francs, si les parties ne veulent pas se soumettre à la juridiction du juge de paix, l'acquéreur a le droit de s'adresser directement au tribunal de commerce ou au tribunal civil, sans que, dans ce dernier cas, il y ait lieu au préliminaire de conciliation. La demande en résiliation d'un marché pour vice rédhibitoire est en effet dispensée de ce préliminaire. (Voyez loi du 20 mai 1838, art. 6.)

5. La demande introductive d'instance doit être portée devant le tribunal civil, toutes les fois que le vendeur n'est pas commerçant, c'est-à-dire n'est pas marchand de chevaux ou de bestiaux.

6. Dans le cas contraire, le vendeur doit être appelé devant le tribunal de commerce. L'action rédhibitoire est alors de la compétence de ce tribunal seul.

Le tribunal de commerce doit connaître de cette action, encore bien que l'individu qui l'intente ne soit pas commerçant. Il suffit, en effet, pour saisir la juridiction commerciale, que le vendeur soit marchand de chevaux ou de bestiaux. L'art. 632 du code de commerce, qui répute acte de commerce tout achat de denrées ou marchandises pour les revendre, comprend tout à la fois l'achat et la revente. A cet égard, aucune difficulté sérieuse ne paraît plus pouvoir s'élever. D'abord fixée en sens contraire, la jurisprudence est revenue aux véritables principes enseignés par tous les auteurs. Le système d'après lequel les tribunaux de commerce n'étaient pas compétents pour statuer sur l'action rédhibitoire intentée par un non-commerçant contre un marchand de chevaux ou de bestiaux avait été consacré par la cour royale de Metz, suivant arrêt du 19 avril 1823, *affaire* Legendre C. Pelleport (1). Mais les cours royales de

---

(1) Il s'agissait dans l'espèce qui a donné lieu à cet arrêt d'un cheval vendu par un marchand de chevaux à un officier de cavalerie. Ce cheval étant attaqué d'un

Toulouse, d'Aix et de Paris se sont prononcées en faveur de la compétence du tribunal de commerce (1). On peut citer dans ce der-

---

vice rédhibitoire, l'acheteur assigna le marchand de chevaux devant le tribunal de commerce de Metz en restitution du prix payé. En appel, la compétence fut débattue et jugée ne devoir point être admise.

Voici les motifs de l'arrêt :

« La cour, — attendu que les tribunaux de commerce étant des tribunaux d'attribution ne peuvent connaître d'autres faits ou actes que ceux spécifiés par l'art. 632, code de commerce ; — attendu qu'il est évident que ce n'est ni dans l'intention de revendre ni de louer que l'intimé a acheté le cheval dont il s'agit ; que dès lors le marché auquel il a donné lieu ne peut être rangé dans la classe des actes de commerce spécifiés par l'art. 632 : le tribunal de commerce était donc incompétent pour connaître de cette contestation, dont la décision appartient aux tribunaux ordinaires ; — déclare nul le jugement dont est appel. » (*Journal du palais*, 3ᵉ édition, t. XVII, p. 1044.)

(1) Nous ne rapporterons ici que l'arrêt rendu par la cour royale d'Aix.

Le sieur Philippe, marchand de chevaux, vendit un cheval au sieur Chappelain, propriétaire, sous la garan-

nier sens, parmi les auteurs, Pardessus, *Cours de droit commercial*, t. V, n° 134; Vincens, *Législation commerciale*, t. Ier,

---

tie, pendant trois mois, de tous vices rédhibitoires. Vingt jours après la livraison, le cheval mourut. Le sieur Chappelain actionna le sieur Philippe devant le tribunal de commerce d'Aix, en restitution de prix; le défendeur déclina la compétence de la juridiction commerciale.

19 janvier 1837, jugement par lequel le tribunal de commerce se déclare compétent. Appel du sieur Philippe.

Le 28 avril 1837, la cour royale d'Aix a rejeté cet appel par les motifs suivants :

« Attendu que l'art. 632 du code de commerce répute acte de commerce tout achat *de denrées et marchandises pour les vendre;* — attendu que cette disposition doit comprendre tout à la fois l'achat et la revente; que la saine raison doit ainsi le décider, et que, si le texte de cet article ne présente la revente que comme destination de l'achat, l'esprit de la loi, qui seul le vivifie, embrasse nécessairement la revente, qui devient dès lors acte de commerce, puisque cette revente n'est que la suite de l'achat, qui n'a été, d'après la loi, déclaré acte de commerce qu'à cause

p. 123 ; et Bioche et Goujet, *Dictionnaire de procédure civile et commerciale*, v° *acte de commerce*, n° 67.

---

de la revente qui pouvait le suivre ; — attendu que cette manière d'interpréter l'art. 632 précité est justifiée par l'art. 638 du même code de commerce, qui excepte des actes de commerce les ventes faites par des individus qui n'avaient point acheté pour revendre ; — qu'une telle exception aurait été inutile dans la loi, si cette loi avait voulu, par l'art. 632, déterminer d'une manière absolue et générale, que les achats seuls constituaient des actes de commerce, et non les reventes ; — que, de plus, les exceptions sont toujours la preuve que la règle et le principe étaient déjà établis ; — attendu que, dans l'espèce de la cause, Jean-Baptiste Philippe a la qualité incontestée de marchand en chevaux, et qu'il avait vendu un cheval à Charles Chappelain, et a fait ainsi un acte de commerce dont le tribunal de commerce d'Aix pouvait et devait connaître. » (*Journal du palais*, 1837, t. II, p. 144.)

L'arrêt de la cour royale de Toulouse est du 24 décembre 1824 (*même recueil*, 3e édition, t. XVIII, p. 1266), et celui de la cour de Paris du 22 fév. 1839 (*ibid.*, 1839, t. Ier, p. 297.)

Si l'individu non commerçant qui a acheté un cheval ou autres bestiaux d'un marchand de chevaux ou de bestiaux est fondé à traduire ce dernier devant la juridiction commerciale, pour raison des vices ou défauts, dont est atteint l'animal qu'il a acheté, le marchand de chevaux ou de bestiaux ne peut, à l'inverse, même par voie d'action récursoire de garantie, appeler devant le tribunal de commerce l'individu non commerçant qui lui a vendu l'animal, cause de l'action rédhibitoire intentée contre lui (marchand), alors surtout que ce tribunal n'est pas celui du domicile du vendeur. Car l'individu non commerçant qui vend son cheval (par exemple), ne fait point un acte de commerce dans le sens de l'art. 632 du code de commerce.

Cette doctrine a été savamment développée dans un mémoire imprimé, rédigé par Mᵉ Langlois, avocat à la cour royale de Paris. Nous en extrayons les passages suivants :

« En principe, c'est le fait, le fait considéré en lui-même qui détermine la compétence; l'individu non commerçant, en vendant son cheval, a disposé de sa chose comme tout autre l'aurait fait, c'est un acte civil ordinaire; or la loi du 24 août 1790, institutive des juridictions, dit formellement que les tribunaux civils connaîtront de *toutes* les affaires personnelles. Voilà ce qui constitue la compétence du tribunal civil.

« Il n'y a d'exception à ce principe que lorsqu'une personne exerce un acte de commerce parce qu'elle se fait commerçante quant à cet acte; mais il faut qu'il soit bien établi que le fait a tous les caractères d'un acte commercial. Il ne suffit pas de vendre, et même de vendre à un marchand pour faire un acte de commerce. L'ordonnance de 1673 s'exprime de cette manière : « Les juges consuls connaîtront des différents pour ventes faites *par des marchands* afin de revendre; » ce que le code de commerce répète en ces termes : « acheter pour revendre » (article 632 du code de commerce). Il faut donc que le vendeur soit lui-même marchand pour faire un acte soumis à la juridiction commerciale, ou bien qu'il ait lui-même acheté pour revendre, comme le prévoit l'art. 662 du code de commerce.

« Cela posé, la question est de savoir si l'article 181 (1) du code de *procédure civile* a pour objet de déroger aux règles de la compétence *à raison de la matière*.

« Non évidemment, car les tribunaux civils sont toujours compétents à raison de la matière pour connaître des actions personnelles et mobilières entre particuliers. Cet article ne permet donc d'appeler en garantie un individu devant un tribunal autre que le sien que lorsque ce tribunal serait compétent *à raison du domicile* de la personne seulement. Le dernier paragraphe de cet article l'indique clairement encore en disant que s'il apparaît de

---

(1) Cet article est ainsi conçu : « Ceux qui seront assignés en garantie seront tenus de procéder devant le tribunal où la demande originaire sera pendante, encore qu'ils dénient être garants ; mais, s'il paraît, par écrit ou par l'évidence du fait, que la demande originaire n'a été formée que pour les traduire hors de leur tribunal, ils y seront renvoyés. »

l'évidence du fait que la demande originaire a été formée pour traduire le garant *hors* de son tribunal, il y sera renvoyé. Pour renvoyer quelqu'un devant son tribunal, il faut supposer en effet qu'il a été attaqué devant celui d'un lieu autre que le sien, c'est-à-dire *hors* du tribunal de *son domicile*.

« Il ne s'agit donc bien ici que d'incompétence à raison de la personne et non de la matière ; or la différence est immense à raison de ces deux sortes d'incompétence ; sur cette distinction reposent toute l'organisation et la compétence des différents tribunaux. On conçoit donc que le législateur ait permis, pour simplifier la procédure, de citer devant un tribunal de même nature, quel que soit le domicile du défendeur ; mais il n'a pas été dans ce but jusqu'à changer la nature et l'ordre de la juridiction. Assigner en garantie ou autrement devant un tribunal dont l'organisation et les attributions sont toutes différentes de celles des tribunaux ordinaires, c'est donc violer les règles fondamentales de toute compétence.

« Enfin il n'est pas permis d'appliquer, surtout contre toute espèce d'analogie, une loi générale, lorsqu'il existe, comme dans l'espèce, une disposition spéciale pour la *procédure devant les tribunaux de commerce*; c'est l'art. 424 du code de procédure; il porte que, si le tribunal de commerce est *incompétent à raison de la matière*, il *renverra* les parties, encore que le déclinatoire n'ait pas été proposé. Ces termes de la loi sont impératifs, absolus; ils ne souffrent aucune distinction et dérogeraient au besoin aux dispositions générales de la procédure devant les tribunaux civils. »

Les anciens auteurs décidaient de même. Voici notamment les paroles de Jousse : « Un bourgeois, dit cet auteur, vend un cheval à un marchand de chevaux, ce marchand le revend à un maquignon, celui-ci fait assigner le marchand devant les juges consuls, et ce marchand appelle en garantie le vendeur, qui décline la compétence du tribunal. Les juges consuls ne peuvent se dispenser de renvoyer la demande en garantie devant les juges du bourgeois qui demande son renvoi, et ils doivent connaître seulement de la demande originaire. » — C'est aussi l'opinion qui a été émise par MM. Carré (*De l'organisation judiciaire*, t. II, p. 608); Thomines-Desmazures (*Commentaire sur le code de procédure civile*, t. Ier, n° 216); et Chauveau dans ses observations sur *les lois de la procédure*, par Carré, *quest.* 771 *bis* (t. II, p. 261).

La jurisprudence a elle-même sanctionné ces principes par de nombreuses décisions. Le point de départ de cette jurisprudence est un arrêt de la cour de Paris du 14 juillet 1825; en voici le texte :

« La cour, — vu les dispositions de l'art. 424 du code de procédure; — attendu que Devanoze n'est pas commerçant, et qu'en vendant son cheval il a disposé de sa chose, il n'a fait qu'un acte purement civil et non commercial, annule le jugement comme incompétemment rendu, renvoie les parties à se pourvoir devant les juges compétents. (*Journal du palais*, 3e édit., t. XIX, p. 703.)

La cour royale de Paris a, depuis, constamment persévéré dans la même opinion. On peut citer, entre autres, les arrêts des 7 mars (1)

---

(1) Le 10 mars 1836, Hervieu, habitant du Neubourg, vend un cheval à Legay, marchand du pays; Legay revend le cheval à Rivière, marchand à Paris; le 24 mars, nouvelle vente de Rivière à Breton; le 2 avril, demande en résolution de la vente formée par Breton contre Rivière devant le tribunal de commerce de Paris.

Le 11 avril, Hervieu, appelé en garantie comme premier vendeur, décline la compétence du tribunal de commerce.

Le 12 avril, le tribunal de commerce juge que le 2e paragraphe de l'article 181 ne peut être appliqué à Hervieu, qui ne justifie nullement de ses allégations, et le condamne à la garantie.

Appel d'Hervieu. — Le 7 mars 1837, arrêt infirmatif de la cour de Paris, 2e chambre; MM. Hardoin, pr., Delapalme, av. gén. (concl. conf.), Langlois et Liouville, av.

« La cour, — considérant que la vente faite par Hervieu, propriétaire, ne constituant point un acte de commerce, toutes les actions auxquelles ce marché peut donner lieu contre lui, doivent être portées devant la juridiction ordinaire; que la disposition de l'art. 181

13

et 5 mai 1837 (1), et celui du 29 mai

---

du code de procédure civile ne saurait déroger au principe qui veut que *nul ne soit distrait de ses juges naturels*, ni à cette règle posée dans l'art. 424 du même code, d'après laquelle les tribunaux de commerce doivent prononcer d'office le renvoi, lorsque l'incompétence existe *à raison de la matière;* — déclare nul et incompétemment rendu, etc. » (*Journal du palais*, 1837, t. Ier, p. 220.)

(1) « La cour, — considérant qu'Ernis n'est pas commerçant; que la vente d'un cheval faite par Ernis à Isaac ne constitue pas un acte de commerce, mais un fait purement civil; que, dès lors, toutes les contestations auxquelles le fait peut donner lieu doivent être portées devant les juges ordinaires; — considérant que nul ne peut être distrait de ses juges naturels; — considérant que, si le défendeur en garantie est tenu de procéder devant le tribunal originaire, cette règle ne s'applique qu'au cas où la demande est de même nature et le tribunal compétent à raison de la matière, ce qui n'est pas dans l'espèce; — considérant que l'incompétence à raison de la matière est d'ordre public et peut toujours être invoquée en tout état de cause; — déclare nul le jugement comme incompétemment rendu, etc. » *Journal du palais*, 1837, t. Ier, p. 545.)

1843 (1). Il a été décidé de même par la cour

---

(1) Bidet, cultivateur de la commune de Chalonnes (Maine-et-Loire), a vendu un bœuf à un marchand de bestiaux, nommé Maurille. Après avoir changé plusieurs fois de propriétaire, ce bœuf a été vendu, sur le marché de Poissy, à un boucher de Paris, M. Boivin. Le bœuf est mort dans le trajet de Poissy à Paris. Procès-verbal de vétérinaires constatant qu'il était atteint d'un vice rédhibitoire, et par suite assignation devant le tribunal de commerce de Versailles. Par voie de recours en garantie, l'action est arrivée jusqu'à Bidet. Celui-ci a décliné la compétence du tribunal de commerce de Versailles. Ce déclinatoire a été rejeté.

Sur l'appel :

« La cour, — considérant que l'art. 181, code de procédure civile, n'est applicable qu'autant que le tribunal saisi du procès est compétent à raison de la matière et que le fait est hors de toute contestation;—considérant qu'il est constant, en fait, que Bidet, métayer, a acheté le bœuf dont il s'agit, non pour le revendre, mais pour l'employer au labourage de ses terres ; — considérant que Bidet ne peut dès lors être considéré comme commerçant et n'a point fait un acte de commerce ; — a infirmé le jugement du tribunal de commerce de Versailles. »

MM. Seguier, 1er président; Glandaz, av. général (*concl. conf.*); Langlais et Landrin, av.

royale de Poitiers, le 9 février 1838 (*Journal du palais*, 1838, t. II, p. 141), *affaire* Inisan C. Turpault, et par celle de Rouen, le 23 janvier 1840 (même recueil, 1840, t. Ier, p. 438), *affaire* Marie C. Mallouin et Fleury-Roussel. Voyez aussi en ce sens un jugement du tribunal de commerce de Paris, du 11 janvier 1844 (*Gazette des tribunaux* du 17 janvier 1844).

La cour royale de Colmar, par arrêt du 18 juin 1825 (voyez *Journal du palais*, t. XIX, p. 602), *affaire* Kahn C. Matter, a jugé, au contraire, qu'un tribunal de commerce, saisi d'une action rédhibitoire, était compétent pour connaître de la demande en garantie formée à l'occasion de cette action, encore que cette garantie fût exercée contre un non-commerçant. Mais il est à remarquer que, dans l'espèce sur laquelle est intervenu cet arrêt, toutes les parties étaient domiciliées dans l'arrondissement du tribunal de commerce, et que les juges qui avaient prononcé consulairement étaient les mêmes que ceux qui auraient statué au civil. Ces deux circonstances n'ont point été étrangères à la décision de la cour de Colmar, ainsi que le constatent les motifs de l'arrêt. Au surplus, cet arrêt, isolé et déjà ancien, ne peut être que d'une bien faible autorité en présence de l'unanimité de la jurisprudence actuelle.

7. Le tribunal de commerce compétent pour connaître d'une action rédhibitoire est ou celui du domicile du défendeur, ou celui dans l'arrondissement duquel la promesse a été faite et l'animal livré, ou celui dans l'arrondissement duquel le payement devait être effectué. Le choix est laissé au demandeur. (Code de procédure civile, art. 420.)

Dans les lieux où il n'y a pas de tribunal de commerce, l'action doit être portée devant le tribunal civil jugeant consulairement.

8. Souvent le tribunal, sur le vu du procès-verbal dressé par l'expert chargé de constater l'existence du vice rédhibitoire, et après avoir entendu les parties, prononce s'il y a ou s'il n'y a pas lieu à la rédhibition; mais

quelquefois il renvoie les parties par-devant un arbitre. Nous nous occuperons de ce nouvel incident dans le chapitre qui suit.

CHAPITRE X.

DES ARBITRES RAPPORTEURS.

Les tribunaux de commerce ne se contentent pas de s'en rapporter aux vétérinaires relativement à l'existence d'un vice rédhibitoire ; ils les nomment quelquefois *arbitres rapporteurs* dans les contestations qui s'élèvent entre les parties sur la manière dont s'est fait le marché, sur des clauses insolites que l'une d'elles prétend avoir existé, et que l'autre nie (1). Dans ce cas, les parties se

---

(1) Les tribunaux civils ne suivent pas cette marche.

sont présentées au tribunal; déjà elles ont voulu faire valoir leurs droits, et les juges, pour être éclairés à fond, les renvoient *par jugement* devant le vétérinaire qu'ils chargent de les entendre, d'examiner les pièces à l'appui de leurs prétentions, souvent d'entendre les témoins présentés par elles; enfin de les concilier, s'il est possible, sinon de faire un rapport sur le sujet de la contestation et d'émettre son opinion : le vétérinaire est alors un *arbitre rapporteur*.

Dans un cas pareil, la situation du vétérinaire est un peu changée; elle devient plus importante, ses devoirs sont plus compliqués : au lieu d'un simple procès-verbal, il doit rédiger un rapport détaillé, circonstancié sur tout ce qui s'est passé, de manière que les juges puissent être éclairés à fond sur l'objet de la contestation : il doit relater toutes les circonstances qui militent en faveur, soit de la demande, soit de la défense, et il en déduit ensuite ses conclusions. S'il est moralement sûr d'un fait et que les preuves lui manquent, il expose son opinion en disant que les preuves lui manquent, et il laisse à la sagesse des juges à infirmer ou à confirmer sa manière de voir.

Nous avons joint, chapitre XII, §§ 7, 8, 9 et 10, quelques rapports d'*arbitre rapporteur*; ils mettront plus au fait qu'une longue dissertation le vétérinaire appelé à remplir un pareil devoir.

CHAPITRE XI.

DE QUELQUES DEVOIRS DU VÉTÉRINAIRE CHOISI, OU POUR ARBITRE, OU POUR EXPERT, OU POUR ARBITRE RAPPORTEUR.

§ Ier. Le vétérinaire qui a besoin de consulter dans une expertise ne doit pas craindre de demander un autre expert pour donner son opinion conjointement avec lui; il n'y a jamais de déshonneur à chercher à s'éclairer par une discussion.

§ II. Le vétérinaire peut être appelé comme expert avec d'autres personnes non vétérinaires, même avec de simples maréchaux. Dans ce cas, il ne doit pas refuser de faire l'expertise pour cause d'ignorance de la part des autres experts, ce serait faire une injure gratuite à ces personnes et aux juges qui les ont nommées.

S'il a des raisons particulières pour ne pas accepter l'expertise, il devra motiver son refus.

§ III. Si, après l'expertise, il se trouve d'une opinion différente de celle de l'autre expert ou des autres experts, il émet son opinion à la suite du procès-verbal en la motivant et la signant; le tribunal en reste juge.

§ IV. Comme les experts et arbitres ont pour but d'éclairer les juges par leurs procès-verbaux et rapports, ils ne sont pas tenus de se servir seulement de mots scientifiques, et s'il existe des mots vulgaires bien connus qui expriment les lésions, les signes maladifs qu'ils veulent désigner, ils peuvent s'en servir; ils instruisent mieux que par des termes qu'il n'est donné qu'à quelques personnes de comprendre; il est bon cependant de joindre les mots scientifiques entre parenthèses. S'il n'y en a pas d'autres pour exprimer l'objet, il faut les traduire autant que possible, afin d'éviter aux juges des recherches et de nouvelles explications; par exemple, au lieu de se servir des termes de *gastrite*, de *métrite*, le vétérinaire fera bien de se servir des expressions *inflammation de l'estomac, inflammation de la matrice*, etc.

§ V. Lors de la visite des animaux, l'expert doit prendre garde aux circonstances dans lesquelles les animaux se trouvent placés; il est de ceux-ci sur lesquels le changement de localité produit des impressions qui agissent assez fortement pour les rendre momentanément inquiets, et, jusqu'à un certain point, malades.

Ce qui arrive le plus ordinairement, c'est que la présence du vendeur ou de l'acheteur produit sur l'animal, s'il en a éprouvé de mauvais traitements, une impression de crainte qui empêche de faire l'examen d'une manière satisfaisante. L'expert devra, en conséquence, s'efforcer de mettre l'animal dans la sécurité la plus entière, en éloignant tout ce qui peut l'inquiéter. La crainte est un moyen qu'un vendeur ou un acheteur de mauvaise foi emploie quelquefois pour faire changer momentanément le rhythme ordinaire des fonctions, surtout celui de la respiration, ou pour donner de la vivacité à un animal qu'une maladie ferait paraître triste ou abattu.

§ VI. On ne saurait trop, lorsqu'on fait faire l'ouverture des cadavres, mettre par écrit et à mesure tout ce qui se présente; la mémoire peut se trouver en défaut. Comme les conséquences à tirer de l'ensemble de lésions ne se présentent pas toujours clairement au premier instant, et comme alors on a besoin de méditer sur ce qu'on a observé, il ne faut omettre rien de ce qui pourrait paraître d'abord peu important, parce que, plus tard, cet objet pourra, en coïncidant avec d'autres lésions, éclaircir des doutes.

On prendra garde d'attribuer à toute autre cause des désordres qui auraient été produits par le scalpel ou le couteau et qui seraient le résultat de l'ouverture.

On prendra garde surtout de confondre les désordres résultant de la mort avec ceux qui résultent de l'accident ou de la maladie qui a occasionné la mort. Sous ce rapport, il sera important de s'informer si le cadavre a été remué ou transporté, et sur quel côté le corps est resté jusqu'à l'ouverture.

§ VII. Des vétérinaires, en rédigeant leurs procès-verbaux, se contentent d'énoncer que l'animal a tel vice rédhibitoire; ou, si l'animal est mort, d'énoncer qu'il est mort du vice rédhibitoire. Cela ne suffit pas, il faut qu'ils décrivent les symptômes qu'ils ont observés sur l'animal accusé d'un vice rédhibitoire, ou les lésions qui leur ont fait penser que l'animal était mort de telle ou telle affection.

Des procès-verbaux ont été argués de nullité pour n'avoir pas donné des détails suffisants. Des tribunaux nous ont plusieurs fois consulté pour savoir si l'opinion de l'expert était bien déduite des symptômes ou des lésions qu'il avait décrits.

§ VIII. Des experts croient qu'ils sont obligés de prononcer de suite leur jugement; les parties le demandent quelquefois, rien ne les y oblige; et ils peuvent remettre à prononcer au lendemain et même à quelques jours, s'ils ont besoin de faire des recherches. Nous avons vu, en effet (p. 213 et suiv.), qu'il suffisait, pour la régularité de l'expertise, qu'elle fût commencée avant l'expiration des neuf ou trente jours.

§ IX. L'acquéreur d'un animal nouvellement acheté, s'apercevant que la bête est malade, fait sa demande introductive d'instance et présente une requête au juge de paix pour le prier de nommer un vétérinaire à l'effet de constater l'existence du vice rédhibitoire; l'ordonnance nomme le vétérinaire qui doit faire cette expertise; mais dans l'intervalle, l'animal meurt, et le vétérinaire se trouve sans titre spécial pour en faire l'ouverture; il doit en faire l'observation à l'acquéreur et l'engager à demander promptement l'autorisation nécessaire; le juge de paix ajoute cette autorisation à l'ancienne ordonnance, ou en rend une seconde à cet effet.

§ X. S'il n'y avait pas lieu d'espérer que le cadavre pût se conserver assez de temps pour que cette autorisation fût ratifiée avant le commencement de la putréfaction, le vétérinaire pourrait toujours procéder à l'ouverture en vertu de la première ordonnance; il ajouterait à son procès-verbal la *raison d'urgence*, qui forçait d'ouvrir promptement le cadavre pour avoir la possibilité de reconnaître les causes de la mort.

§ XI. Si, dans un procès-verbal ou un rapport, l'expert ne doit rien omettre de ce qui peut contribuer à établir les faits et à baser son opinion, il doit éviter également de le charger de tous les détails étrangers qui ne vont pas au but, surtout d'entrer dans des théories scientifiques. Il doit savoir que celle la plus en vogue, la plus probable au moment où il écrit, est quelquefois renversée avec la plus grande facilité; il ne doit émettre que ce que la science a de positif.

§ XII. Il ne doit même entrer dans aucune discussion devant les parties; quelquefois elles amènent avec elles des personnes demi-savantes, savantes même, qui cherchent à sonder l'expert, à l'induire même en erreur en lui faisant émettre des principes, des axiomes favorables à la cause qu'elles défendent; il sera sur ses gardes, et il ne prononcera que quand son opinion sera parfaitement établie; nous avons déjà dit qu'il n'était point obligé de le faire de suite.

§ XIII. S'il ne doit pas se laisser entraîner à des discussions avec les parties, il doit écouter leurs dires, leurs explications, et il se trouvera souvent aussi éclairé par ce moyen que par son propre examen; dans la chaleur de la contestation, il échappe des vérités qui n'auraient point été émises sans elle; c'est surtout lorsque le vétérinaire est arbitre rapporteur qu'il est important d'user de cette méthode.

§ XIV. Une précaution est toujours à prendre, c'est d'empêcher, autant que possible, que la discussion ne tourne en dispute ; par son caractère d'arbitre, et en s'y prenant convenablement, il peut rappeler à la décence les personnes qui s'en écartent ; les injures n'éclaircissent jamais une affaire, elles la gâtent souvent, et l'arbitre ne doit pas oublier que son premier devoir est de concilier les parties, s'il lui est possible.

§ XV. Que l'arbitre évite surtout de laisser pénétrer son opinion ; quelque bien fondés que puissent être ses motifs de croire à la mauvaise foi d'une des parties, il doit les cacher, sinon il s'ôterait tout moyen de terminer l'affaire par une conciliation.

§ XVI. Il y a des personnes grossières ou d'un caractère emporté, qui ne savent point ménager leurs expressions, qui ont toujours l'injure à la bouche et qui ne l'épargnent point à l'expert aussitôt qu'elles croient apercevoir qu'il est contraire à leur cause. Jamais l'expert ne doit répondre, il doit même prendre garde à ce que ces injures ne le choquent et n'influent sur son jugement. Si des injures ou des accusations calomnieuses font plaisir à la méchanceté, l'expert doit mépriser de pareilles armes et se rappeler qu'il est l'homme des bons contre les méchants; les premiers lui rendront justice, voilà tout ce qu'il doit ambitionner.

CHAPITRE XII.

PIÈCES JUDICIAIRES.

§ Ier. *Demande de recours en garantie.*

A monsieur le juge de paix du quatrième arrondissement de la ville de Paris.

Monsieur le juge de paix,

Planquoy, voiturier, hors la barrière Fontainebleau, 88, a l'honneur de vous exposer

Que le dimanche, 15 courant, il a acheté de M. Hautour, marchand de chevaux à Paris, rue du Marché-aux-Chevaux, 9,

Une jument sous poil gris, hors d'âge, à tous crins, taille ordinaire, moyennant la somme de 140 fr.;

Que cette jument paraît atteinte de vices rédhibitoires : pour quoi il vous prie, monsieur le juge de paix, de nommer un vétérinaire pour expert, afin de procéder à la visite de ladite jument, constater si elle a quelque vice rédhibitoire, et en cas de mort faire l'ouverture et constater les causes de la mort, le tout en présence du vendeur ou lui dûment appelé, pour être ensuite statué ce qu'il appartiendra.

La présente requête est présentée conformément à l'article 5 de la loi du 20 mai 1838.

Paris, le 23 juillet 1838.

Signé Planquoy.

§ II. *Ordonnance du juge de paix.*

Nous, juge de paix du quatrième arrondissement de Paris ;

Vu la requête qui précède, ensemble l'article 5 de la loi du 20 mai dernier sur les vices rédhibitoires ;

Commettons le sieur ***, vétérinaire, demeurant à ***, à l'effet de procéder à la visite de la jument désignée en ladite reqête, constater son état, les vices et maladies dont elle peut être atteinte, en cas de mort constater les causes de cette mort, et du tout dresser procès-verbal en présence du vendeur ou lui dûment appelé, pour être ensuite par les parties requis et par le tribunal statué ce qu'il appartiendra.

Paris, le 24 juillet 1838.

Signé Ancelle.

Enregistré à Paris, le 26 juillet 1838, etc.

§ III. *Procès-verbal d'expert.*

Je soussigné, Jean-Baptiste Huzard fils, médecin-vétérinaire à Paris, y demeurant, rue de l'Éperon, 5, commis d'office par M. le juge de paix du dixième arrondissement de Paris en date du 21 de ce mois, par suite d'une requête à lui présentée le même jour par le sieur J. Savignien Blaque, fruitier, demeurant à Paris, rue de Grenelle, 115, à l'effet de constater l'état et la maladie de la jument dont il s'agit en ladite requête;

Ai visité, aujourd'hui huit heures du matin, une jument paraissant propre au cabriolet, sous poil bai doré, à courte queue anglaisée, ayant une marque bordée en tête, ayant des traces anciennes de saignée à l'encolure, une petite cicatrice sur le dos, au bas du garrot, des dartres farineuses à la tête, de l'âge de sept ans, de la taille d'un mètre 59 centimètres, mesurée sous potence et étant bouletée et usée sur son devant, que le sieur Blaque m'a présentée comme celle faisant l'objet de sa requête susdatée et qu'il m'a dit avoir achetée, le 14 de ce mois, du sieur Garson, loueur de voitures, demeurant rue du Bac, 102, et cela par l'entremise du cocher de celui-ci; a ajouté qu'il soupçonnait la jument affectée de la pousse. Le sieur

Garson, sommé de se trouver à la visite à huit heures du matin, ainsi qu'il résulte de l'original de la sommation ci-jointe, a comparu, m'a dit qu'il avait chargé son domestique de vendre la jument comme sienne propre et sans garantie, moyennant une prime qu'il lui abandonnait sur le prix de la jument, qu'il n'avait jamais eu affaire à l'acheteur, et qu'en conséquence il ne se croyait pas garant et s'est retiré à environ neuf heures, le sieur Blaque n'étant pas encore arrivé.

Le sieur Blaque, arrivant au moment même où le sieur Garson venait de partir, m'a déclaré que le domestique du sieur Garson avait vendu la jument comme appartenant à son maître et avec la garantie d'usage des vices rédhibitoires.

J'ai trouvé que la jument était en fort bon état de santé et d'embonpoint, qu'elle mangeait l'avoine avec appétit, mais que, dans le repos, en mangeant tranquillement l'avoine, elle avait le mouvement du flanc irrégulier et entrecoupé par le contre-temps ou l'espèce de soubresaut qui constitue la *pousse*; pour quoi j'estime que la bête *est poussive* et dans le cas de l'article 1ᵉʳ de la loi du 20 mai 1838.

En foi de quoi j'ai dressé le présent procès-verbal pour servir et valoir ce que de droit.

Fait à Paris, le 23 juin 1838.

§ IV. *Autre procès-verbal d'expert.*

Je soussigné, Jean-Baptiste Huzard fils, médecin-vétérinaire à Paris, y demeurant rue de l'Éperon, 5, nommé d'office par ordonnance de M. le juge de paix du dixième arrondissement, en date du 6 de ce mois, et étant en suite de la requête à lui présentée par le sieur Villaumé, loueur de cabriolets, demeurant à Paris, rue Saint-Guillaume, 5, à l'effet de visiter la jument dont il s'agit, donner mon avis et faire mon rapport, et cela en présence du vendeur ou lui dûment appelé;

Ai visité aujourd'hui, onze heures du matin, une jument que ledit sieur Villaumé m'a présentée comme celle faisant l'objet de sa requête et qu'il avait achetée le 30 mai dernier du sieur Petiteau, propriétaire, demeurant à Paris, rue Taranne, 6. Le sieur Petiteau, sommé de se trouver à la visite le 8, m'avait prié de remettre cette visite au 9 et s'y est fait représenter par le sieur Leblanc, médecin vétérinaire à Paris, y demeurant rue du Faubourg-Poissonnière.

Le sieur Villaumé m'a dit qu'on lui avait vendu la jument comme étant bonne au cabriolet, qu'il l'avait essayée à ce service et que, l'ayant trouvée bonne en effet, il avait conclu l'achat moyennant la somme de 300 fr., plus 2 fr. pour le domestique ; a ajouté qu'ayant ensuite fait travailler ladite jument, celle-ci, après le travail, avait boité, que, depuis, il avait su que la jument avait déjà boité plusieurs fois chez le sieur Petiteau, et qu'elle était affectée d'une boiterie de vieux mal. Le sieur Leblanc pour le sieur Petiteau, a dit qu'il était vrai que la jument était boiteuse, que c'était pour cela que le sieur Petiteau l'avait vendue, que le sieur Villaumé avait dû s'apercevoir de ce défaut, que, par conséquent, il n'y avait pas lieu, sous ce rapport, à rédhibition ; a ajouté que c'était, du reste, du membre gauche de devant qu'elle avait boité chez le sieur Petiteau, tandis qu'actuellement elle boitait du membre droit; que cette boiterie était, par conséquent, du fait de l'acheteur, et ne pouvait, en aucune manière, être imputée au vendeur. Le sieur Villaumé a répliqué que la jument ne boitait pas lors de la vente, que, si elle avait boité, il ne l'aurait, certes, pas achetée (un cheval boiteux ne pouvant faire le service de cabriolet de place); a ajouté que la jument avait boité du membre droit comme du membre gauche chez le sieur Petiteau, et qu'il en donnerait la preuve si besoin était.

J'ai examiné cette jument, j'ai reconnu qu'elle boitait fortement de l'extrémité antérieure droite, que la partie inférieure du paturon était chaude, très-douloureuse, qu'elle paraissait même un peu gonflée, que ce n'était pas la peau qui était le siége de la douleur et du gonflement, mais que c'étaient les parties intérieures sous la peau ; qu'il n'y avait, du reste, aucune trace qui indiquât que la cause fût une violence extérieure, que le sabot était en bon état, qu'il n'était ni chaud ni douloureux, que toutes les parties supérieures du membre paraissaient également en bon état : ce qui m'a fait présumer que le siége de la boiterie actuelle était dans la partie inférieure du membre et du paturon antérieur droit, mais ne m'a permis en aucune façon de statuer sur la nature de la boiterie et de prononcer si elle était antérieure ou non à la vente, si elle rentrait dans la classe de celles prévues par la loi du 20 mai de cette année.

Pour quoi j'estime, si le sieur Villaumé ne peut prouver, d'une autre manière, que la jument était, antérieurement à la vente, affectée d'une boiterie intermittente, qu'il y a lieu à ordonner qu'elle soit mise en fourrière pour être traitée convenablement, et m'être représentée de nouveau après quinzaine pour que je statue définitivement alors sur son état antérieur à la vente, s'il est possible de le faire avec certitude.

En foi de quoi, j'ai rédigé le présent procès-verbal de visite pour servir et valoir ce que de droit.

Fait à Paris, le 9 juin 1838.

§ V. *Autre procès-verbal d'expert* (1).

Je soussigné, etc., expert nommé d'office par ordonnance de M. le, etc., en date du 19 de ce mois, étant au bas de la requête ci-jointe, à lui présentée la veille par le sieur G***, propriétaire, demeurant à Paris, rue de Clichy, à l'effet de visiter le cheval dont il s'agit, et en constater l'état en présence du vendeur ou lui dûment

---

(1) Nous rapportons ici un procès-verbal fait antérieurement à la loi, pour un cas peu commun, mais qui peut se représenter.

appelé, pour du tout dresser procès-verbal, ai visité aujourd'hui, neuf heures du matin, un cheval hongre, propre au cabriolet, sous poil bai brun, à courte queue anglaisée, ayant une marque en tête; une liste commençant au milieu du chanfrein, élargie et bordée entre les naseaux, du gris à la lèvre antérieure, de l'âge de sept à huit ans, et de la taille d'un mètre 60 centimètres, mesuré sous potence, que le sieur G*** m'a présenté comme celui de sa requête susdatée, et qu'il m'a dit avoir acheté le 10 de ce mois, moyennant la somme de 950 fr., du sieur M***, propriétaire, demeurant à Paris, rue Gaillon, 3; m'a ajouté que, le jour de la vente et lors de l'essai, le cheval ne boitait pas; qu'il ne boitait pas en rentrant après l'exercice; mais que le lendemain, en sortant de l'écurie, il boitait, et que depuis il avait toujours boité, un peu plus, un peu moins, quoiqu'il eût été beaucoup reposé et très-ménagé; pour quoi il soupçonnait le cheval d'être affecté d'une boiterie de *vieux mal*. Le sieur M***, sommé de se trouver à la visite, ainsi qu'il résulte de l'original de la sommation étant au bas de l'ordonnance, a comparu, a bien reconnu le cheval pour être celui qu'il avait vendu au sieur G*** aux conditions précitées, a dit que son cheval était droit lorsqu'il l'avait vendu ; qu'il n'avait jamais boité chez lui, ce dont il s'offrait de faire les preuves, a ajouté que, s'il boitait maintenant, ce ne pouvait être que par accident postérieur à la vente, nullement de son fait, et, par conséquent, dont il ne pouvait être responsable (1).

J'ai examiné ce cheval dans le repos immédiatement après une marche au pas, et ensuite dans l'exercice au pas et au trot à la main, et j'ai reconnu qu'il était en bon état de santé, mais qu'il avait les deux jarrets malades, plus gros que dans l'état ordinaire, surtout à la face interne, que le jarret droit était plus affecté que l'autre, que les tumeurs qui s'y

---

(1) Le défendeur était non justiciable du tribunal de commerce dans l'affaire dont il s'agit : mais il n'en déclina pas la compétence, et l'affaire fut plaidée.

remarquaient étaient dures, de nature osseuse, non douloureuses, par conséquent anciennes; que l'animal se coupait aux boulets des deux côtés, et qu'enfin en marchant, et surtout au trot, il boitait fortement de l'extrémité postérieure droite : les pieds de derrière étaient vieux ferrés, et je n'ai trouvé aucune cause, autre que le mauvais état du jarret, qui pût donner lieu à cette boiterie; cependant, pour plus de sûreté dans mon jugement, je pense que le cheval doit être déposé en fourrière pour m'être représenté de nouveau après huitaine : et les parties étant demeurées d'accord de l'envoyer à l'école royale vétérinaire d'Alfort, j'ai indiqué une seconde visite et la clôture de mon procès-verbal à ladite école, où les parties sont convenues de se rendre sans sommation, le lundi 27 du courant, une heure après-midi. En foi de quoi, j'ai commencé le présent procès-verbal de visite, pour servir et valoir ce que de droit.

Fait à Paris, etc.

Signé, etc.

Et le jeudi 27 mars, à une heure après midi, toujours au désir de l'ordonnance du 19 du courant, et par suite de mon procès-verbal du 21, je me suis transporté à l'école royale vétérinaire d'Alfort, où les parties se sont rendues, et où le sieur G*** m'a fait voir, dans une des écuries des hôpitaux, le cheval faisant l'objet de mon procès-verbal, et que le sieur M*** a bien reconnu.

J'ai examiné de nouveau le cheval, je l'ai trouvé en bon état de santé, et je n'ai point remarqué qu'aucune partie des extrémités postérieures fût sensible, douloureuse; je n'ai trouvé enfin aucune cause récente de boiterie. J'ai fait sortir l'animal au pas sur le pavé et à la main; il avait la démarche un peu embarrassée dans le train de derrière, mais il ne boitait pas; au trot et à la main, il boitait manifestement du train de derrière sans qu'on pût dire positivement de quelle extrémité. J'ai fait atteler alors le cheval à un cabriolet, et je l'ai fait exercer au trot ainsi attelé et avec deux personnes dans le cabriolet, pendant près d'une demi-heure, sur la grande route de Maisons et de Villeneuve. Au cabriolet et dans les brancards au trot, le cheval paraissait à peine boiter, et des yeux non exercés y auraient été facilement trompés; mais, dételé après l'exercice et mis au trot à la main, il boitait très-fortement de l'extrémité postérieure droite; et le sieur G*** a dit que le cheval, mis à l'écurie et reposé pendant vingt-quatre heures, boiterait peut-être plus encore, et a requis qu'il fût visité après ce délai; le sieur M***, présent, a répété que son cheval n'avait jamais boité avant la vente, qu'il fallait qu'il eût été forcé pour boiter actuellement, et que ce ne pouvait être que par la faute du sieur G***; a ajouté qu'il ne s'opposait pas, du reste, à ce que le cheval fût visité de nouveau, après un repos de vingt-quatre heures; pour quoi j'ai indiqué aux parties le lendemain, heure de midi, pour procéder à ce dernier examen.

Fait à Alfort, etc.

Signé, etc.

Et aujourd'hui 28 mars, à l'heure de midi, toujours en vertu de l'ordonnance en date du 19 du courant, et par suite de mes deux procès-verbaux du 21 et du 27 aussi du même mois, je me suis transporté de nouveau à l'école royale vétérinaire d'Alfort, là où le sieur G*** m'a présenté, dans la même écurie où je l'avais vu la veille, le cheval faisant l'objet de sa requête. Le sieur M*** était venu chez moi, le matin, me dire que sa présence à la visite du cheval étant inutile, et une affaire indispensable le retenant à Paris, il n'assisterait pas à ce dernier examen.

J'ai fait sortir le cheval de l'écurie; au pas sur le pavé, il boitait du train de derrière; mis au trot sous l'homme, pendant une minute environ, il a boité comme il avait boité la veille après avoir été exercé, par conséquent beaucoup plus fort qu'avant ledit exercice. Cette boiterie était surtout prononcée lorsqu'on faisait tourner le cheval à droite, même dans un cercle très-étendu; du reste, le cheval ne manifestait aucune douleur dans un endroit du membre plutôt que dans un autre ; seulement, lorsqu'on prenait l'extrémité postérieure droite, l'animal l'élevait subitement de terre comme un cheval qui a un éparvin sec.

D'après tous ces examens, j'estime que le cheval a les jarrets malades, qu'il les avait déjà malades avant la vente, qu'il pouvait ne pas boiter au moment de la vente, et que la boiterie dont il est affecté maintenant provient de ce mauvais état des jarrets. En foi de quoi, et sans rien préjudicier aux droits respectifs des parties, j'ai terminé le présent procès-verbal de visite, pour servir et valoir ce que de droit.

Fait à Paris, les jours, mois et an que dessus.

Signé, etc.

N. B. On voit que, dans mon procès-verbal, je n'ai fait qu'exposer ce que j'avais observé, sans prononcer s'il y avait vice rédhibitoire ou non, parce qu'il résultait de la visite une question de droit que je n'étais pas appelé à juger (voyez plus haut ce que l'expert est chargé de faire), et que voici :

« Un défaut apercevable au moment de la vente, et qui ne faisait pas boiter le cheval dans ce moment, mais qui a occasionné une boiterie grave lorsque l'animal a été soumis au travail pour lequel il paraissait propre, est-il vice rédhibitoire? »

Le tribunal seul serait compétent dans un cas pareil pour décider si cette boiterie devrait être rangée dans celles indiquées par l'art. 1er de la loi du 20 mai 1838.

§ VI. *Compromis pour nommer un expert à l'amiable, sans réserve d'appel.*

Nous soussignés (*noms, prénoms, qualités et demeures*), convenons, relativement au marché de trois vaches que nous avons fait, le 14 novembre 1823, au marché aux vaches laitières de la Maison-Blanche, et à la contestation qui s'est élevée à la suite de ce marché, de prendre le sieur H***, vétérinaire, pour arbitre, et renonçons à appeler de son jugement, nous en rapportant complétement à sa décision, qui devra être donnée dans un délai de dix jours, à dater d'aujourd'hui.

Fait à Paris, le 18 novembre 1838.

Lu et approuvé l'écriture ci-dessus. (*Ceci doit être écrit de la main du signataire qui n'a pas écrit le compromis, ou de l'une et de l'autre partie, si c'est l'arbitre ou toute autre personne qui a fait le compromis.*)

Signé, etc.

§ VII. *Rapport d'arbitre* (1).

A messieurs les président et juges composant le tribunal de commerce du département de la Seine, séant à Paris.

Messieurs,

Par votre jugement du 4 mars de cette année, rendu contradictoirement dans la con-

---

(1) Ce rapport a été fait également avant la loi du 20 mai 1838; il servira, néanmoins, à éclairer le jeune expert dans un cas pareil.

testation qui divise le sieur Charles Bouché, marchand de chevaux, demeurant à Paris, rue du Faubourg-Saint-Martin, 233, demandeur d'une part, et le sieur Michel Élie, voiturier, demeurant aussi à Paris, rue du Faubourg-Saint-Martin, 25, défendeur d'autre part; il vous a paru utile à l'éclaircissement des faits de la cause, avant faire droit, de nommer M. Desplas, arbitre rapporteur entre les parties, à l'effet par elles de représenter les titres et pièces à l'appui de leurs préténtions respectives, dûment en règle, et à l'effet par ledit arbitre d'entendre les parties et qui il jugerait à propos, les régler et accorder, si faire se pouvait, sinon en faire son rapport en la manière accoutumée.

Par jugement du 21 du même mois, vous m'avez substitué à M. Desplas, récemment décédé; au désir de ces deux jugements, j'ai entendu les parties plusieurs fois séparément et contradictoirement; j'ai aussi entendu une personne pour le défendeur et deux pour le demandeur; je n'ai pu accorder lesdites parties.

Point de fait.

Le 21 février de cette année, à huit heures environ du matin, le demandeur a rencontré le défendeur et lui a dit qu'il avait un cheval à lui vendre. Les deux parties sont convenues de se réunir dans la journée, pour terminer l'affaire, chez M. Pelé, marchand de vin, demeurant rue du Faubourg-Saint-Martin, 2.

Le rendez-vous a eu lieu; la femme du demandeur et celle du défendeur s'y sont trouvées.

Le demandeur a vendu au défendeur un cheval pour la somme de 430 fr., et il a exigé un billet par lequel ledit défendeur reconnaissait acheter le cheval sans aucune garantie. Les parties ne sachant pas écrire, le demandeur a fait faire le billet par une tierce personne, et le défendeur y a mis sa croix.

Le défendeur s'est livré du cheval aussitôt le marché.

Le lendemain, 22 février, le défendeur a reconduit le cheval au demandeur, en lui disant que l'animal ne lui convenait pas, et il l'a abandonné dans la cour du demandeur.

Celui-ci a mis le cheval en fourrière et a fait ses diligences contre le défendeur.

La demande tend à ce que le marché soit déclaré valable, et à ce que le défendeur soit tenu de payer la somme de 430 fr., prix du cheval, plus les frais et dépens.

La défense tend à ce que le demandeur soit déclaré non recevable en sa demande, attendu que lui, défendeur, dit qu'il était ivre lorsqu'il a fait le marché, attendu qu'il ne sait pas lire, et qu'à la lecture du billet on a énoncé que le cheval était garanti, au lieu d'énoncer qu'il n'était pas garanti, comme le billet le comporte. Le défendeur reconnaît, au surplus, que le marché a été fait, il reconnaît le billet pour celui écrit en sa présence et la croix qu'il y a mise.

Le demandeur, à l'appui de sa demande, a apporté le billet de non-garantie qu'il a exigé du défendeur, et de plus m'a fait entendre, en présence du défendeur et de sa femme, deux témoins du marché.

1° Le sieur François-Henri Labbey, loueur de cabriolets, demeurant rue du Faubourg-Saint-Martin, 270, qui a écrit le billet de non-garantie; ce témoin m'a déclaré que le cheval avait bien été vendu sans garantie, parce qu'il toussait un peu; il m'a ajouté qu'après avoir écrit le billet, il l'avait lu lui-même deux ou trois fois au défendeur, tel qu'il était conçu, sans rien changer ni ajouter, et enfin qu'il n'était pas vrai que le défendeur fût ivre.

2° La dame Pelé, femme du marchand de vin chez lequel le marché s'est conclu, m'a dit qu'elle était présente à l'affaire, qu'elle se ressouvenait bien avoir entendu dire que le cheval était acheté sans aucune garantie; qu'elle avait aussi entendu lire le billet, et qu'on avait bien lu que le cheval était acheté sans aucune garantie; elle a ajouté que le défendeur n'était pas ivre.

Le défendeur, à l'appui de sa défense,

m'a dit qu'il n'avait pas essayé le cheval avant le marché, et qu'on n'achetait pas un cheval sans garantie la somme de 430 fr. sans l'essayer préalablement; il a dit qu'il l'avait non-seulement acheté avec garantie, mais encore sous la condition verbale que le marchand le lui reprendrait s'il ne lui convenait pas; il a ajouté qu'il persistait à dire qu'il était ivre lorsqu'il avait mis sa croix sur le billet, et pour preuve de la supercherie qu'on a, dit-il, employée à son égard, il m'a fait entendre le sieur Jean-Louis Morland, ouvrier en taille-douce, demeurant rue du Faubourg-Saint-Martin, 25, même maison que le défendeur. Ce témoin m'a dit que, s'étant trouvé par hasard chez le marchand de vin à la conclusion du marché, il avait entendu lire le billet dont il s'agit, et qu'à la lecture, le billet spécifiait que le cheval était vendu avec garantie.

Le demandeur s'est bien rappelé qu'il y avait une personne chez le marchand de vin lorsque le marché s'était conclu, seulement il n'y a pas fait attention; il ne récuse pas le sieur Jean-Louis Morland, mais il dit qu'il se trompe ou qu'il ment. Il a ajouté que, si le cheval avait été vendu avec garantie, il l'aurait vendu plus cher, et il m'a requis de voir le cheval, afin d'estimer s'il ne valait pas plus de 430 fr., dans le cas où il aurait été vendu avec garantie. Il n'a pas nié qu'il eût promis de le changer plus tard, si le défendeur voulait le changer; mais il a ajouté que cette promesse était indépendante du marché.

Point de droit.

Le demandeur est-il fondé à demander que le marché soit déclaré valable, et que le défendeur soit condamné à payer le prix du cheval et à rembourser les frais et dépens?

Le défendeur peut-il demander la résiliation du marché, parce que, dit-il, il était ivre, et parce qu'on a abusé de ce qu'il ne savait pas lire pour lui faire, en quelque sorte, approuver un écrit en lui lisant le contraire de ce qu'il contenait.

Éclaircissements.

En considérant, d'un côté,

1° Que le marché a été bien conclu, puisque le défendeur en convient;

2° Que le défendeur reconnaît aussi le billet et convient d'y avoir apposé une croix d'adhésion;

D'un autre côté,

1° Que, si le défendeur était ivre lors du marché, sa femme, qui était présente, ne l'était pas; qu'elle m'a ajouté que c'était elle qui faisait les marchés, enfin qu'elle n'a laissé comparaître son mari devant moi que sur mes invitations réitérées et expresses;

2° Qu'il n'est pas prouvé qu'on ait lu au défendeur et à sa femme le billet insidieusement comme ils l'avancent, en leur énonçant que la vente était avec garantie, au lieu d'énoncer qu'elle était sans garantie, puisqu'ils n'ont pour preuve de ce dire qu'un seul témoin, demeurant dans la même maison, témoin qu'ils connaissaient bien, qui sait lire et écrire, et auquel ils pouvaient faire lire le billet dans le cas de doute de leur part;

3° Que, dans tout marché de chevaux, l'acheteur n'a de signature à donner que lorsqu'il reconnaît acheter le cheval sans garantie;

4° Que le cheval vaudrait davantage s'il était vendu avec garantie;

5° Enfin que le défendeur ne lui reproche d'autre défaut que d'être mauvais travailleur;

J'estime

Que le marché est valable; par conséquent, que le sieur Charles Bouché est fondé dans sa demande, et que le sieur Michel Élie, défendeur, doit être condamné à payer la somme de 430 fr., prix du cheval, plus les frais et dépens.

Telles sont, messieurs, les conclusions que

j'ai l'honneur de soumettre à la sagesse de vos délibérations ultérieures.

Paris, le 15 avril 1823.

Signé Huzard.

§ VIII. *Autre rapport d'arbitre.*

GARANTIE CONVENTIONNELLE.

A messieurs les président et juges composant le tribunal de commerce du département de la Seine.

Messieurs,

Par votre jugement du 11 novembre 1831, rendu dans la contestation qui divise M. Charles L***, demeurant à Paris, rue Laffitte, 36, demandeur, et madame veuve C***, demeurant au haras de Madrid, bois de Boulogne, défenderesse, il vous a paru utile de me nommer arbitre rapporteur à l'effet d'entendre les parties, les concilier si faire se pouvait, et dans le cas contraire, en faire mon rapport et donner mon avis.

Au désir de ce jugement, j'ai entendu

contradictoirement M. M***, demeurant au haras de Madrid, fondé de pouvoir par madame veuve C***, et M. Charles L***; j'ai aussi entendu M. Félix V***, secrétaire de M. Jean-George S***. Je n'ai pu accorder les parties.

En point de fait, le 16 août 1831, le demandeur a acheté à la défenderesse, moyennant la somme de 3,000 fr., une pouliche de trois ans, de pur sang anglais, garantie comme fille de l'étalon Merlin.

Cette pouliche subissait avant la vente la préparation nécessaire aux chevaux qui doivent lutter dans les courses; passée entre les mains de M. L***, elle a continué d'être soumise à l'entraînement.

Au moment même d'engager sa pouliche dans les courses, M. L*** apprit au champ de Mars, d'un nommé C***, au service de lord S***, que sa pouliche n'était pas fille de Merlin.

Malgré cet avis, la pouliche a couru au champ de Mars.

Les parties conviennent de ces faits.

La demande tend à ce que la défenderesse soit tenue de reprendre la pouliche et de restituer la somme de 3,000 fr. avec frais et dépens.

Le demandeur se fonde sur ce que la pouliche vendue comme fille de *Merlin*, et qu'il a achetée comme telle, ne provient pas de cet étalon.

A l'appui de cette assertion, M. Félix W*** exhibe le registre de haras de M. S***, où il se trouve constaté que la pouliche vendue à M. L*** est fille d'un cheval appelé *Morisco*.

M. M*** convient que les saillies de ce dernier étalon, quoique ayant été payées parfois au prix de celle de *Merlin*, ont été quelquefois payées un moindre prix, ce qui explique la supériorité reconnue de *Merlin*.

La défense tend cependant à ce que la demande soit déclarée non recevable, attendu 1° que la déclaration de naissance délivrée au moment de la vente, et certifiée par le sieur W***, autrefois chef du haras de M. S***, n'est pas mentionnée dans le reçu de madame C***; 2° que ladite déclaration avait seulement pour objet de certifier que la pouliche était de pur sang, et devait être admise comme telle aux courses du champ de Mars, ce qui est vrai, puisque *Morisco* est, comme *Merlin*, étalon de pur sang ; 3° que le sieur L***, en faisant courir la pouliche, a fait acte de propriété.

Considérant 1° que la déclaration de naissance délivrée au sieur L*** est fausse ; 2° qu'il n'est pas indifférent que la pouliche vendue soit fille de *Morisco* ou de *Merlin*, puisque ce dernier étalon passe pour préférable au premier ; 3° que, dans la vente d'un cheval ou d'une jument de pur sang, destinés aux courses ou à la reproduction, il est d'usage de délivrer un certificat de généalogie, lequel donne à l'animal vendu une valeur plus ou moins élevée ; et que si, dans cet usage, on n'était pas tenu de dire la vérité, le commerce des chevaux de grand prix donnerait lieu à beaucoup de fraudes ; 4° que, si M. L*** n'avait pas été abusé par le certificat, il n'aurait pas acheté la pouliche ou n'en aurait donné qu'un moindre prix ; 5° qu'au moment de faire courir la pouliche, le sieur L*** n'avait pas la preuve complète de la fausseté du certificat délivré ; 6° que l'occasion de présenter aux courses la pouliche, déjà préparée en partie par les soins de la dame C***, devant être saisie, le sieur L*** a été, malgré l'avertissement à lui donné par le nommé C***, dans l'obligation de faire acte de propriété ;

Considérant, en outre, qu'en pareille matière, la seule question qui peut être résolue différemment, celle qui concerne l'acte de propriété, doit être plutôt expliquée en faveur de l'acheteur que du vendeur ;

J'estime que la demande est fondée, que la défenderesse doit être tenue à la restitution de 3,000 fr., plus les frais et dépens, sauf à elle à faire valoir son recours contre son garant, s'il y a lieu.

Telles sont, messieurs, les conclusions que j'ai l'honneur de soumettre à la sagesse de vos délibérations ultérieures.

Fait à l'école d'Alfort, le 25 novembre 1831.

Signé **Yvart**.

§ IX. *Autre rapport d'arbitre.*

GARANTIE CONVENTIONNELLE.

A messieurs les président et juges du tribunal de commerce du département de la Seine.

Messieurs,

Par votre jugement du 26 juillet dernier, rendu contradictoirement dans la contestation qui divise le sieur Rivière, marchand de chevaux, rue du Faubourg-Saint-Martin, demandeur, d'une part, et la dame Rouleau, marchande de pierres et de moellons, demeurant à la Maison-Blanche, commune de Gentilly, défenderesse, d'autre part, il vous a paru utile à l'éclaircissement des faits de la cause, avant de faire droit, de me nommer arbitre rapporteur dans cette affaire; et vous m'avez chargé, en cette qualité, d'entendre les parties, de les concilier si faire se pouvait; sinon, de vous faire mon rapport en la manière accoutumée.

Au désir de votre jugement, j'ai entendu plusieurs fois les parties, séparément et contradictoirement, et je n'ai pu les concilier. Je vais, en conséquence, messieurs, vous faire connaître les renseignements que j'ai obtenus, et le résultat de la visite que j'ai faite du cheval qui fait le sujet de la contestation ; j'aurai ensuite l'honneur de vous soumettre mon avis touchant cette affaire.

Le sieur Rivière a déclaré que, le 4 juillet dernier, il avait vendu à la dame Rouleau un cheval bai, âgé de huit à neuf ans, moyennant 800 fr.; que, quelques jours après la livraison, ce cheval n'ayant pas convenu à l'acquéreur, il s'était engagé à le reprendre, à condition qu'il lui en fournirait un autre ; qu'effectivement, le 13 juillet, il avait repris cet animal, et que, le même jour, il avait vendu un autre cheval à la dame Rouleau, pour le prix de 1,124 fr., lequel fait aujourd'hui le sujet de la contestation. Il a ajouté que, deux heures après avoir pris livraison de ce dernier animal, la dame Rouleau s'était présentée chez lui, en lui faisant observer que ce cheval était malade ; que, d'ailleurs, elle l'avait acheté comme *entier*, qu'il était *hongre*, et que, par conséquent, il ne pouvait lui convenir sous aucun rapport ; que lui, Rivière, avait répondu qu'il avouait que le cheval était malade, mais que son affection n'était pas grave ; qu'il s'engageait à le faire traiter à ses frais et à le livrer en bon état de santé ; que, quant aux craintes qu'avait la dame Rouleau que ce cheval ne fût hongre, elles n'étaient nullement fondées ; qu'il garantirait par écrit que ce cheval était *entier*, bien que ses testicules ne fussent pas apparents.

Le sieur Rivière a dit, en outre, que ces propositions avaient satisfait la dame Rouleau ; qu'elle avait consenti par écrit à reprendre ce cheval, quand il serait rétabli, et que, de son côté, il lui avait donné un billet attestant que le cheval était *entier* ; qu'au bout de huit jours, cet animal lui paraissant guéri, il en avait prévenu la dame Rouleau, et que cette dame ne lui ayant pas répondu, il lui avait fait faire sommation, le 20 juillet, de prendre livraison de ce cheval. Enfin il a dit, en terminant, qu'il demandait que le cheval fût visité, son état constaté, et que, dans le cas où la dame Rouleau ne serait pas tenue de le prendre, elle fût au moins forcée de garder le premier cheval qu'il lui avait vendu, attendu que cet animal n'avait aucun vice rédhibitoire, qu'il ne l'avait repris que par pure complaisance et à la condition expresse qu'il en vendrait un autre.

La dame Rouleau a répondu que les faits allégués par le sieur Rivière étaient exacts ; elle a seulement dit qu'elle prétendait que, dans aucune circonstance, elle ne pouvait être tenue de prendre le cheval que le sieur Rivière lui avait primitivement vendu; qu'elle considérait le premier marché comme nul, et que le second seul subsistait. Elle a ajouté qu'elle était prête à payer les 1,124 fr., si le cheval en litige était reconnu *entier* et *bien portant;* mais que, dans le cas contraire, elle croyait être libérée de tout engagement envers le vendeur.

Le sieur Petit, demeurant rue des Fossés-Saint-Marcel, vétérinaire de la dame Rouleau, et appelé par elle, déclare avoir visité le cheval une heure après la livraison. Il a observé que le cheval était malade, qu'il ne portait point des testicules apparents, et qu'il paraissait hongre ; il n'était point présent à l'acquisition, et ne rapporte d'ailleurs aucun fait qui puisse éclairer la cause.

Ces renseignements étant recueillis, j'ai procédé, le 31 juillet dernier, à la visite d'*un cheval sous poil gris clair, légèrement vineux; liste en tête ; ladre sur la partie inférieure gauche du chanfrein, aux ailes du naseau gauche et aux lèvres ; œil droit vairon ; queue en balai ; âgé de quatre ans ; taille d'un mètre 60 centimètres*; que les parties présentes m'ont dit être celui faisant le sujet de la contestation : j'ai remarqué que cet animal, qui avait le poil piqué et les flancs retroussés, jetait par les deux naseaux, toussait de temps à autre et portait, sous la ganache du côté gauche, une tumeur inflammatoire, qui paraissait disposée à s'abcéder. Ces symptômes caractérisant l'affection catarrhale que l'on désigne sous le nom de *gourme*, et cet état maladif, aux termes des conditions précitées, ne permettant pas, quant à présent, de livrer cet animal (dans la supposition où il serait reconnu entier), il a été décidé que le sieur Rivière le placerait à ses frais dans l'infirmerie du sieur Collas, vétérinaire, rue du Ponceau, jusqu'à son rétablissement, et qu'à cette époque il serait visité de nouveau, et déposé alors en fourrière aux frais de qui il appartiendrait.

Ce premier examen terminé, j'ai ensuite visité avec la plus grande attention les organes de la génération, afin de déterminer si le cheval était *entier*. J'ai d'abord remarqué qu'il n'existait, à l'extérieur, aucune apparence de testicules, et que le scrotum n'offrait aucune cicatrice. La main droite, introduite dans le rectum et dirigée attentivement vers les anneaux inguinaux, ne m'ayant pas décelé la présence des testicules dans l'abdomen, j'ai alors exploré les parties supérieures et latérales du fourreau, et j'ai reconnu que l'animal portait, du côté droit, à l'extrémité d'un cordon très-court, un testicule du volume d'un petit œuf de poule, et que la même disposition existait du côté gauche; que seulement le testicule était encore moins développé que celui du côté opposé. J'ai aussi observé que ce cheval était triste, que son hennissement était voilé, et qu'il n'y avait point, dans l'expression de sa physionomie, ces signes de vigueur et de fierté qui sont l'apanage du cheval entier. Toutefois, il est juste de faire remarquer que, cet animal n'étant pas en santé, il est présumable que son état maladif contribuait à lui donner l'air de tristesse que je viens de signaler.

Il résulte, messieurs, de l'examen scrupuleux que j'ai fait, que ce cheval n'est point *hongre*, puisqu'il ne porte aucune cicatrice sur le scrotum, et que rien n'indique qu'on ait jamais pratiqué aucune opération sur les organes essentiels à la reproduction. Voyons maintenant si cet animal, dont les testicules sont à peine développés, et qui, sous ce rapport, présente une espèce de monstruosité, doit être considéré comme *entier*. Telle est la question qu'il importe de résoudre, puisqu'elle seule fait le sujet de la contestation.

Permettez-moi, messieurs, dans l'intérêt de la justice, d'entrer ici dans quelques considérations générales qui, peut-être, pourront éclairer votre religion et vous mettre à même de prononcer dans l'affaire qui vous est soumise.

Dans tous les travaux pénibles qui exigent de violents efforts, un grand développement de forces, on emploie toujours de préférence les chevaux entiers, parce qu'il est bien prouvé qu'on trouve chez ces animaux une énergie, une vigueur qu'on ne rencontre qu'à des degrés inférieurs chez les juments et surtout chez les chevaux hongres. A quelle cause faut-il attribuer la force et l'énergie qui caractérisent les chevaux entiers? C'est assurément à la présence des testicules *dans leur état normal* et à l'influence qu'ils exercent sur l'organisation générale. Ce fait, qu'on ne peut révoquer en doute, est démontré jusqu'à l'évidence par les effets que produit la castration sur les animaux.

Recherchons à présent quel a été le but de la dame Rouleau en achetant le cheval du sieur Rivière, et surtout en se faisant garantir que cet animal est *entier*. La dame Rouleau exploite une carrière à pierres, et elle n'emploie à ce pénible service que des chevaux entiers. Une heure après avoir acheté le cheval du sieur Rivière, elle charge M. Petit de le visiter. Ce vétérinaire lui fait remarquer que cet animal n'a pas de testicules apparents, et il ajoute qu'il le croit hongre. Effrayée par ces observations, la dame Rouleau s'empresse de retourner chez son vendeur, qui la tranquillise en lui attestant *par écrit* que le cheval est *entier*, et en lui affirmant que, si les testicules ne sont pas apparents, *ils n'en existent pas moins*. Voyons maintenant si l'intention de la dame Rouleau est remplie, et si l'animal qu'elle a acheté réunit, comme elle le supposait, les qualités du cheval entier. Est-il présumable qu'un cheval chez lequel les testicules ont à peine acquis le cinquième du développement normal ait jamais la force, la vigueur et l'énergie qu'il aurait eues, si ces organes avaient pris leur accroissement naturel? Nous ne le pensons pas, et nous n'hésitons pas à vous affirmer, au contraire, que ce vice d'organisation, cette espèce d'anomalie, influe d'une manière nuisible sur l'organisation générale de cet animal, qu'elle le rend moins propre à supporter de grandes fatigues et qu'elle en diminue, par conséquent, la valeur.

En résumé, messieurs, considérant, d'une part,

1° Que, de l'aveu commun des parties et des pièces qu'elles ont présentées, il résulte que, le 13 juillet dernier, le sieur Rivière a vendu un cheval à la dame Rouleau, moyennant la somme de 1,124 fr.;

2° Que le sieur Rivière a garanti *par écrit* que ce cheval était *entier*;

3° Qu'il résulte de l'examen qui a été fait

que ce cheval porte *deux testicules*, et que, par conséquent, il n'est point *hongre*;

Considérant, d'autre part,

1° Que ces organes (les testicules) n'ont acquis que le cinquième environ de leur développement normal, qu'ils sont atrophiés, et qu'ils ne peuvent, par conséquent, remplir qu'imparfaitement les fonctions qui leur sont dévolues par la nature;

2° Que, dans cette circonstance, la dame Rouleau a été trompée en achetant comme cheval entier un animal imparfait, atteint d'un vice d'organisation dont elle n'a pu se convaincre, qui diminue la valeur de ce cheval et le rend moins propre au service auquel elle le destinait;

J'estime qu'il serait juste d'annuler le dernier marché qui a été conclu entre le sieur Rivière et la dame Rouleau.

Quant aux prétentions du sieur Rivière touchant la validité du premier marché, dans le cas où le second serait annulé, elles ne me paraissent nullement fondées, attendu qu'aucune réserve n'a été établie à cet égard dans les engagements réciproques que les parties ont contractés lors du dernier marché.

Tel est, messieurs, l'avis que j'ai l'honneur de soumettre à la sagesse de vos délibérations ultérieures.

J'ai l'honneur d'être avec respect, etc.
Signé BOULEY.

§ X. *Autre rapport d'arbitre.*

Paris, le 24 octobre 1838.

A messieurs les président et juges composant le tribunal de commerce du département de la Seine.

Messieurs,

Par votre jugement en date du 16 de ce mois, rendu contradictoirement dans la contestation qui divise d'une part le sieur Bouteille, marchand de chevaux, demeurant à

Villiers-le-Bel, et d'autre part le sieur Cadours, marchand crémier, demeurant à Paris, rue Saint-Honoré, 112, vous m'avez chargé d'entendre les parties, [de les concilier s'il était possible, sinon de vous faire un rapport sur l'affaire en la manière accoutumée.

Au désir de ce jugement, j'ai entendu aujourd'hui, contradictoirement, les parties; il m'a été impossible de les concilier.

Point de fait.

Le 15 de septembre dernier, le sieur Cadours a acheté du sieur Bouteille, au marché aux chevaux de Paris, une jument, pour la somme de 300 fr., sur laquelle somme il a payé comptant 200 fr., promettant de payer les 100 fr. restants le 23 du même mois de septembre.

Le 23, le sieur Bouteille, s'étant présenté chez le sieur Cadours pour recevoir les 100 fr. qui lui étaient dus, n'a point été payé.

Le 24, le dernier jour de la garantie, le

sieur Cadours s'est mis en mesure de faire reprendre la jument pour cause de vice rédhibitoire, en présentant une requête à M. le juge de paix du quatrième arrondissement en fin de nomination d'un expert vétérinaire, et en faisant assigner le sieur Bouteille à comparaître à votre tribunal le 2 du présent mois.

Le 2 de ce mois, le sieur Cadours, demandeur, ne s'est point présenté au tribunal ni personne pour lui; le sieur Bouteille, défendeur, s'est présenté seul. Vous avez, par un premier jugement du même jour, renvoyé les parties devant moi.

Depuis, le sieur Bouteille, n'entendant plus parler de rien, a fait assigner le sieur Cadours à comparaître devant vous pour se voir condamné à payer la somme de 100 fr., restant due pour le prix de la jument.

De défendeur qu'il était d'abord, le sieur Bouteille est devenu ainsi demandeur.

Aujourd'hui il demande

Ou que le sieur Cadours soit condamné lui payer la somme de 100 fr.;

Ou si la jument est atteinte d'un vice rédhibitoire légalement constaté, et si, lui, Bouteille, est condamné à reprendre la jument, que le sieur Cadours soit condamné à lui payer la location de sa jument à raison de 5 fr. par jour pour le travail qu'il lui a fait faire, ainsi qu'il s'offre de prouver que cela a eu lieu.

Il ajoute, à l'appui de sa demande, que, puisque le sieur Cadours s'était mis en mesure de faire constater légalement le vice rédhibitoire, il aurait dû faire faire cette constatation légale; que, s'il ne l'a point fait, c'est qu'il savait bien que la jument n'avait point de vice rédhibitoire.

Le sieur Cadours prétend, de son côté, ne point payer les 100 fr. qu'il doit sur le prix de la jument, parce que, dit-il, il était bien convenu, ou qu'il ne payerait point les 100 fr. si la jument avait quelques vices rédhibitoires, ou que, dans le même cas, le sieur Bouteille reprendrait sa jument en rendant les 200 fr. payés comptant.

Il dit, à l'appui de sa défense, que la jument est poussive, qu'il n'a point poursuivi le sieur Bouteille, parce qu'en raison des conditions de la vente, il espérait bien que celui-ci ne demanderait pas le remboursement des 100 fr.; qu'il ne s'est mis en mesure que par précaution, pour que, dans le cas où le sieur Bouteille viendrait à redemander la somme de 100 fr., on ne pût dire qu'il avait perdu sa garantie : par les mêmes raisons, il n'a pas cru devoir laisser sa jument sans rien faire. Il s'offre donc, suivant le marché, de garder la jument pour la somme de 200 fr. qu'il a payée, ou à rendre la jument si le sieur Bouteille veut lui rendre cette somme.

Il est resté pour moi, de l'audition contradictoire des parties, que, dans le marché, les conditions indiquées par le sieur Cadours comme ayant été faites l'ont été réellement. L'état de la jument devait être, dès lors, un guide pour moi dans l'arrangement auquel j'ai voulu faire consentir les parties.

La jument était dans une condition pitoyable ; sa peau présentait des plaies pustuleuses dont les unes étaient évidemment la suite d'une maladie interne, et les autres, quoique paraissant être produites par le frottement des harnais, pouvaient être néanmoins regardées comme un effet de l'état maladif général; le frottement des harnais n'ayant fait que les déterminer et leur donner des formes diverses : son poil était long, terne, hérissé; elle avait une des extrémités engorgée; elle avait une tumeur assez dure à l'épaule droite; elle était maigre, son flanc était altéré comme celui d'un cheval poussif; elle était triste; enfin son aspect général indiquait une constitution détériorée profondément et la rendait de nulle espèce de valeur pour tout vétérinaire.

En considérant

1° Que la vente avait été accompagnée des clauses conventionnelles réclamées par le sieur Cadours ;

2° Que, si, scientifiquement, la jument pouvait ne pas être déclarée poussive, elle était d'une mauvaise nature, d'une constitution détériorée depuis longtemps, et que bien certainement elle se trouvait, sinon dans un des cas rédhibitoires prévus par l'art. 1ᵉʳ de la loi du 20 mai 1838, au moins dans celui de l'art. 1641 du code civil ;

3° Que les conventions arrêtées lors de la vente ôtaient le vice reproché à la jument du nombre de ceux dont il s'agit dans la la loi du 20 mai 1838, et plaçaient la vente sous une garantie conventionnelle extraordinaire ;

4° Enfin que ma mission était d'arranger les parties s'il était possible,

Je voulus faire consentir les parties à l'arrangement suivant :

1° Que les frais faits de part et d'autre étant à peu près égaux, chacune des parties aurait à sa charge les frais qu'elle avait faits ;

2° Que le sieur Cadours payerait au sieur Bouteille la somme de 50 fr.

Je ne me basais point dans cet arrangement sur le point de droit, qui peut être controversé.

Je ne consultais que la manière dont le marché avait été fait, ou l'espèce de garantie conventionnelle convenue entre les parties, par laquelle le vendeur s'engageait à ne vendre la jument que 200 fr. si elle avait un vice rédhibitoire; c'est-à-dire, dans l'espèce, si elle n'avait pas un défaut qui diminuât sa valeur estimée 300 fr.

Or, comme, en raison de son état maladif (augmenté, il est vrai, depuis qu'elle travaille, mais néanmoins antérieur à la vente), elle a peu de valeur, je croyais ne pas être injuste envers le vendeur en lui allouant seulement la moitié de la somme de 100 fr. qui forme le sujet de sa demande.

Conclusions.

C'est ce que j'ai l'honneur de vous proposer encore,

1° En condamnant le sieur Cadours à payer au sieur Bouteille la somme de 50 fr.;

2° En laissant à la charge des parties les frais qu'elles ont faits.

Signé Huzard fils.

NOTE ADDITIONNELLE

SUR L'OUVERTURE DES ANIMAUX MORTS.

Nous terminerons cet ouvrage par quelques notions relatives aux désordres qui sont la cause de la mort, et relatives à l'ouverture des cadavres, notions dont les vétérinaires sortis des écoles n'auront pas besoin, mais qui pourront être utiles aux personnes peu accoutumées à faire ou à faire faire l'ouverture du corps des animaux.

Lorsqu'on est appelé à pratiquer cette opération, presque toujours il y a quelque temps que l'animal est mort, un jour, souvent deux, et quelquefois plus ; souvent aussi le cadavre a été changé de place ; il est resté gisant sur un côté beaucoup plus longtemps que sur l'autre; enfin il est gonflé et météorisé; ce sont autant de circonstances dont il faut prendre note, parce qu'elles peuvent produire des désordres intérieurs que l'on confondrait avec les lésions qui ont causé la mort.

Ainsi le ballonnement du ventre est ordinairement produit par des gaz qui se développent dans l'intestin par la fermentation putride; ainsi le soulèvement de la peau et la distension du tissu cellulaire par des fluides gazeux sont encore ordinairement le produit de la fermentation putride; ainsi l'on trouve dans le tissu cellulaire sous-cutané et inter-musculaire, du côté du corps sur lequel le cadavre est resté longtemps, des endroits rouges dont les vaisseaux sont injectés comme s'il y avait eu une inflammation récente réelle dans la partie; quelquefois ces endroits sont noirâtres et ressemblent assez à ces taches noires qu'on observe sur un animal mort du charbon; ainsi, presque toujours après la météorisation; les intestins sont changés de position ; presque toujours encore, les tissus ont pris une teinte rougeâtre qu'ils n'ont pas lorsque l'on ouvre le cadavre immédiatement après la mort.

Si le corps a été transporté, surtout longtemps après la mort, on trouve quelquefois l'estomac ou les gros intestins déchirés ; le diaphragme crevé, et l'estomac, ou quelque partie de l'intestin, passé dans la poitrine. S'il y a quelques jours que la mort est arrivée, les reins, au lieu d'être fermes, sont flasques, gonflés, se déchirant assez facilement. Cet état est plus remarquable quand la mort a été occasionnée par une inflammation violente de quelques viscères du ventre, même de la poitrine : les reins sont quelquefois alors en une espèce de bouillie rougeâtre. Cette altération est presque toujours plus marquée dans le rein du côté où le corps était gisant ; le pancréas est aussi plus mou qu'à l'ordinaire : au contraire, ces organes n'ont point éprouvé d'altération quand l'ouverture a été faite immédiatement après la mort. Quelquefois les intestins, aux endroits où ils reposent sur les parois abdominales du côté où le corps gisait, et ces parois elles-mêmes, ont pris une couleur plus foncée, rouge par plaques; le poumon du même côté est gorgé d'un sang plus noir; son tissu, dans quelques cas, est même noirâtre; les portions des intestins ou de l'estomac qui touchaient le foie ont pris une teinte grise, rougeâtre, noirâtre même quelquefois, particulièrement quand le foie a été le siége d'une inflammation; enfin, si le corps est resté longtemps sans être ouvert, les membranes séreuses sont détachées des organes qu'elles recouvrent par des gaz qui résultent d'un commencement de putréfaction.

Ces renseignements préliminaires aideront à reconnaître si ces lésions sont le résultat d'une maladie ou les suites de la mort.

Il est important encore de savoir si l'animal a eu des convulsions avant de mourir, s'il s'est frappé la tête contre les corps environnants; il est essentiel d'examiner dans ce but la tête, afin de voir s'il n'y a point de traces de contusions autour des yeux et du crâne : on pourrait trouver, dans ce cas, sur quelques parties de l'encéphale, des ecchymoses, des épanchements sanguins, qu'on regarderait comme la maladie principale, tandis que ces lésions ne seraient réellement que des accidents, mortels peut-être, mais arrivés seulement à la suite d'une autre maladie.

Tous ces renseignements pris, on enlève la peau en la ménageant, à cause de l'emploi économique qu'on en fait, et ensuite parce qu'il est utile quelquefois de la conserver intacte pour la représenter au vendeur absent. On met le corps sur le dos; on incise la peau depuis le menton jusqu'à l'anus dans la ligne médiane du corps; une autre incision cruciale est pratiquée à la face interne de chaque membre et s'étend jusqu'à la couronne; on détache alors la peau des parties qu'elle recouvre.

Lorsqu'elle est suffisamment séparée, on désarticule les extrémités postérieures dans l'articulation coxo-fémorale, et on abat les extrémités antérieures en détachant les épaules du thorax, et le tronc se trouve ainsi sur le dos et dans une position commode pour l'examen.

Si le ventre est fortement météorisé, il faut toujours, autant que possible, ouvrir d'abord cette cavité, parce que, si l'on ouvrait la poitrine, la pression qu'exercerait alors le diaphragme empêcherait d'examiner convenablement les organes qui y sont contenus, et, dans le cas de lésions, pourrait déranger leur position respective; le diaphragme pourrait même se déchirer; enfin il serait difficile d'introduire le scalpel entre les côtes pour les détacher, sans léser les parties qui sont immédiatement appliquées sur la face costale.

En ouvrant le ventre ou l'abdomen, il ne faut pas percer les intestins; dans quelques cas, cela peut être très-important. Dans ce but, la peau étant enlevée, on incise d'un côté les plans musculeux inférieurs de l'abdomen, sur le cercle cartilagineux des côtes, à 6 centimètres environ de son bord ; on met le bord à découvert en détachant les muscles qui le recouvrent ; on détruit alors dans un point, avec les doigts, les fibres qui empêchent de parvenir dans l'abdomen, et on perce le péritoine avec les doigts ou avec l'instrument, en prenant garde de percer les intestins ; on donne aux gaz, qui souvent sont dans l'abdomen, le temps de sortir : on introduit alors la main dans l'ouverture, en repoussant les intestins ; on fait passer le scalpel, le bistouri ou le couteau entre les parois du ventre et la main, le dos de la lame reposant sur la main et le tranchant portant sur les parois ; alors, avec cette main introduite dans l'abdomen, on prolonge l'incision en conduisant le scalpel le long de l'hypocondre ; le dos de la main repousse les intestins et les empêche d'être lésés par l'instrument, les intestins comprimés se font jour à travers l'ouverture derrière la main ; bientôt la pression cesse, et l'on peut inciser à son aise le reste des parois de l'abdomen ou ventre.

Il ne faut pas se presser de porter l'instrument au milieu des viscères ; ce n'est que quand on croira avoir bien vu tout ce qu'il est possible de voir sans le scalpel, qu'on s'en servira pour découvrir les parties qu'on désirera examiner particulièrement ; si même l'abdomen ainsi ouvert ne présentait rien de particulier, on passerait à l'examen des autres cavités, et l'on terminerait plus tard l'examen des viscères du ventre.

Celui-ci étant exploré, on peut faire l'ouverture de la poitrine presque sans crainte de léser les organes qu'elle contient ; on peut la faire, ou en détachant le diaphragme, ou, mieux, en détachant les côtes ; il sera bon, dans ce dernier cas, même avant de commencer, de faire une petite ouverture au diaphragme, pour laisser sortir les gaz qui pourraient être contenus dans l'une et l'autre cavité des plèvres, ou pour y laisser pénétrer l'air.

Pour détacher les côtes, on débarrasse ces os et leur prolongement cartilagineux des chairs qui les recouvrent, et on coupe les cartilages à l'endroit de leur jonction avec les côtes ; on isole ensuite les côtes les unes des autres en coupant les muscles intercostaux et autres jusqu'auprès du rachis. Ensuite, en inclinant doucement les côtes en avant et un peu en dehors, on les désarticule sans les fracturer, afin qu'il n'y ait point d'éclat qui puisse blesser la main de l'opérateur et même déchirer les poumons.

En introduisant le scalpel dans la poitrine, il faut avoir soin de ne point léser le poumon et le sac du cœur ; il se trouve des cas où il serait possible de prendre une coupure peu nette pour une lésion ; quelquefois il suffit, pour explorer la poitrine, d'en ouvrir seulement un côté, il vaut mieux toujours les ouvrir successivement tous les deux : on a ainsi la facilité d'examiner d'une manière convenable, avant d'y toucher, le médiastin, et ensuite la cavité qui renferme le cœur.

L'ouverture du canal du rachis est plus difficile : pour la bien faire, il faut d'abord isoler la colonne vertébrale, en prenant garde de donner des secousses trop fortes à quelques vertèbres en particulier, secousses qui produiraient sur la moelle des lésions qu'on pourrait attribuer à d'autres causes; les côtes doivent être désarticulées et non brisées : l'enlèvement soigneusement fait de toutes les parties musculaires qui entourent le rachis sera donc une opération préparatoire indispensable.

Cette première opération étant terminée, et la colonne vertébrale étant séparée du corps, on peut, avec un rogne-pied bien tranchant et un brochoir, ou avec un ciseau et un petit marteau, couper et enlever la partie supérieure des vertèbres, et mettre ainsi le canal vertébral à découvert : toujours doit-on prendre garde de comprimer la moelle de l'épine. L'opération est plus facile aux vertèbres lombaires dont l'apophyse supérieure est liée au corps de la vertèbre par une lame osseuse peu épaisse.

L'ouverture de la cavité crânienne exige les mêmes précautions, c'est-à-dire celles de ne point produire sur le cerveau de commotions violentes ; pour cela, il sera bon de séparer la tête du rachis, en notant s'il sort de la sérosité du canal dans l'endroit où on fera la section ; on désarticulera ensuite la mâchoire inférieure; on nettoiera le crâne des parties musculaires qui l'entourent, et on procédera à son ouverture de la manière suivante, dans le cheval : cette description donnera des notions sur la manière de l'ouvrir dans les autres animaux.

Avec un rogne-pied et un brochoir, on abat la protubérance occipitale ; on abat aussi les apophyses styloïdes, afin de faire porter la tête sur les condyles de l'occipital; ensuite, avec une petite scie d'abord, qui est toujours préférable, et ensuite avec le rogne-pied et le brochoir, on fait une ouverture longitudinale au crâne, à sa face supérieure, sur le côté de la crête médiane du pariétal, de manière à pénétrer jusque dans la cavité, et cela depuis les sinus frontaux jusqu'au trou occipital, en ayant soin de ne prendre avec le rogne-pied que l'épaisseur de la lame osseuse, et de ménager les membranes qui enveloppent l'encéphale; on fait une seconde ouverture transversale à la première, à l'endroit où elle commence sur le frontal, et qui va d'un côté à l'autre du front jusque dans l'orbite; enfin on pratique, de chaque côté, dans l'orbite, une nouvelle ouverture qui tourne sur le côté du crâne, et qui se réunit, dans le trou occipital, avec la première; quelques personnes, avant de faire ces trois divisions, enlèvent l'arcade zygomatique.

Quand ces trois coupes ont été bien faites, la paroi supérieure du crâne se trouve divisée en deux parties, dont l'une, un peu plus large que l'autre, porte la crête médiane du pariétal; c'est la portion la plus étroite qu'il faut enlever la première, elle ne tient plus que légèrement à la dure-mère; on l'en séparera facilement par de légères tractions et avec le manche ou la lame du scalpel, en détruisant les fibres qui se rendent à l'os : l'autre portion y est beaucoup plus adhérente dans le plan médian ; mais il est alors facile de l'en détacher sans léser le cerveau, puisque l'œil peut conduire la main.

Quelquefois la section du crâne sur le frontal ne pénètre que dans les derniers sinus frontaux, et la portion du crâne que l'on veut enlever tient encore par les lames osseuses qui séparent les sinus de la cavité du crâne ; il faut faire pénétrer la coupe à travers ces lames jusque dans la cavité. Cet accident arrive quand la coupe transversale antérieure a été faite trop en avant sur le frontal. Dans un cas pareil, il vaut mieux faire une nouvelle coupe un peu plus haut, le détachement des os en est toujours rendu plus facile.

L'ouverture des cavités nasales n'exige pas autant de précautions, mais elle offre aussi quelques difficultés; elle se pratique dans le cheval au moyen de trois coupes des os qui recouvrent ces cavités. La première coupe doit se faire de haut en bas sur les os nasaux, mais non dans le plan médian; elle doit être plus à droite ou plus à gauche, afin qu'elle ne porte pas sur la cloison médiane cartilagineuse du nez; l'instrument ne doit pas, autant que possible, percer la membrane muqueuse nasale. La seconde coupe doit être faite transversalement, à la partie supérieure des os nasaux à l'endroit où ils s'articulent avec le frontal, et d'un os lacrymal à l'autre; enfin la troisième doit être faite de chaque côté, à peu près le long de la jonction du nasal avec le lacrymal et avec le grand susmaxillaire. Le rogne-pied et le brochoir sont les instruments les plus convenables pour cette opération; un ciseau peut aider avantageusement. Les trois sections des os étant terminées, on enlève d'abord le côté sur lequel on a fait la coupe longitudinale, ou en détachant l'os de dessus la membrane interne, ou en incisant cette membrane et en l'emportant avec l'os; on coupe ensuite la cloison cartilagineuse du nez dans sa longueur à sa partie supérieure, et on enlève le côté opposé : dans cette opération, il est difficile de ne pas léser la membrane muqueuse dans plusieurs points. Il faut ne pas confondre ces lésions avec celles qui résultent de l'état maladif, quand cet état existe.

Lorsque la peau doit être conservée pour être représentée au vendeur, on doit y laisser annexés les sabots, ce que l'on fait en coupant le membre dans l'articulation du boulet, ou, mieux, dans celle du paturon avec la couronne sans couper la peau. On doit conserver en même temps, dans ce cas, les dents des deux mâchoires. Pour cela, on scie les mâchoires au-dessus des crochets ou près des dents molaires, et on laisse les deux morceaux qui portent les dents et les lèvres attachés à la peau. De cette manière, les dents incisives et les sabots conservés avec la peau permettent de confronter le signalement de l'animal.

Les équarrisseurs sont ordinairement chargés de garder les peaux : dans ces sortes de cas, ils doivent, après les avoir bien salées, les développer et les étendre sur des claies ou sur des bâtons, dans un lieu sec et bien aéré, pour en faciliter la dessiccation et la conservation.

FIN.

TABLE DES MATIÈRES.

	Pages.
Avant-propos.	1
Chapitre Ier. Généralités sur la garantie et les vices rédhibitoires.	3
Chapitre II. Usages anciens qui avaient force de loi relativement aux vices rédhibitoires des animaux domestiques et à la durée de la garantie de ces vices, et motifs de la loi du 20 mai 1838.	7
Chapitre III. Texte de la loi du 20 mai 1838.	25
Chapitre IV. Des défauts et des maladies rédhibitoires des animaux domestiques d'après la loi du 20 mai 1838, et des précautions à prendre dans l'examen des animaux qu'on soupçonne attaqués de ces vices.	31

	Pages.
§ Ier. Vices rédhibitoires du cheval, de l'âne et du mulet.	31
Fluxion périodique des yeux.	ib.
Épilepsie.	39
Morve.	45
Farcin.	54
Maladies anciennes de poitrine ou vieilles courbatures.	57
Immobilité.	68
Pousse.	73
Cornage chronique.	80
Le tic sans usure des dents.	93
Les hernies inguinales intermittentes.	102
Boiterie intermittente pour cause de vieux mal.	108
Première espèce de boiterie (boiterie à froid).	113
Deuxième espèce de boiterie (boiterie à chaud).	117
Troisième espèce de boiterie.	122
Quatrième espèce de boiterie.	123
Cinquième espèce de boiterie.	126
§ II. Vices rédhibitoires pour l'espèce bovine.	129

	Pages.
Phthisie pulmonaire ou pommelière	129
Épilepsie ou mal caduc.	138
Les suites de la non-délivrance après le part chez le vendeur.	140
Le renversement du vagin ou de l'utérus après le part chez le vendeur.	144
§ III. Vices rédhibitoires pour l'espèce ovine.	149
La clavelée.	ib.
Le sang-de-rate.	156
§ IV. Vices rédhibitoires en cas de mort de l'animal.	162
Chapitre V. De la garantie légale. . . .	185
§ Ier. De l'abolition de l'action en réduction de prix autorisée par le code civil (article 2 de la loi du 20 mai 1838)..	189
§ II Du délai dans lequel l'action rédhibitoire doit être intentée (articles 3, 4 et 5 de la loi)..	193
§ III. Des experts. — De leur nomination et de leurs opérations. — Formalités	208
§ IV. Les maladies contagieuses non	

comprises dans l'énumération des vices rédhibitoires faite par la loi du 20 mai 1838, peuvent-elles donner lieu à une action en dommages-intérêts... 218

Chapitre VI. De la garantie conventionnelle. 235

Chapitre VII. Des vices rédhibitoires dans les animaux destinés à la consommation. 243

Chapitre VIII. Des ventes d'animaux faites par autorité de justice. 267

Chapitre IX. De l'autorité compétente pour connaître d'une demande en résolution formée pour vices rédhibitoires, et de l'action récursoire de garantie que peut faire naître cette demande. 270

Chapitre X. Des arbitres rapporteurs. . 295

Chapitre XI. De quelques devoirs du vétérinaire choisi, ou pour arbitre, ou pour expert, ou pour arbitre rapporteur.. 298

Chapitre XII. Pièces judiciaires. 308

§ Ier. Demande de recours en garantie. *ib.*

	Pages.
§ II. Ordonnance du juge de paix. .	309
§ III. Procès-verbal d'expert.	310
§ IV. Autre procès-verbal d'expert. .	313
§ V. Autre procès-verbal d'expert. .	317
§ VI. Compromis pour nommer un expert à l'amiable, sans réserve d'appel.	325
§ VII. Rapport d'arbitre.	326
§ VIII. Autre rapport d'arbitre. . .	335
§ IX. Autre rapport d'arbitre. . . .	340
§ X. Autre rapport d'arbitre.	351
NOTE ADDITIONNELLE sur l'ouverture des animaux morts.	359

FIN DE LA TABLE DES MATIÈRES.

OUVRAGES

QUI SE TROUVENT A LA LIBRAIRIE

DE MME V^E BOUCHARD-HUZARD,

RUE DE L'ÉPERON, 7, A PARIS.

AFFECTION (de l') TUBERCULEUSE vulgairement appelée morve, pulmonie, gourme, farcin, fausse gourme, pommelière, etc., par M. *Dupuy*. 1817, in-8. 5 fr.

BOURGELAT. PRÉCIS ANATOMIQUE DU CORPS DU CHEVAL comparé avec celui du bœuf et du mouton, à l'usage des élèves des écoles vétérinaires. 4e édition augmentée. 1807, 1 vol. in-8. 6 fr.

BOURGELAT. TRAITÉ DE LA CONFORMATION EXTÉRIEURE DU CHEVAL, de sa beauté, de ses défauts et des considérations auxquelles il importe de s'arrêter dans le choix qu'on doit en faire; des soins qu'il exige, de sa multiplication ou des haras, etc., à l'usage des écoles vétérinaires. 8e édit. publiée avec des notes par *J. B. Huzard*. 1832, in-8, fig. 6 fr.

COURS D'HIPPIATRIQUE, contenant des notions sur la charpente osseuse du cheval, la description de toutes ses parties extérieures, suivies des précautions que cet animal exige pour la conservation de sa santé et sur la ferrure, par M. *Valois*; 2e édit. revue et augmentée. 1825, in-12. 2 fr. 50 c.

FERRURE (de la) sous le point de vue de l'hygiène ou de son influence sur la conservation tant des animaux que de leur aptitude au travail, etc., par *J. B. C. Rodet*. 1841, in-8, fig. 2 fr. 50 c.

GUIDE DU MARÉCHAL, ouvrage contenant une connaissance exacte du cheval et de la manière de distinguer et de guérir ses maladies, ensemble un traité de la ferrure qui lui est convenable, par *Lafosse*; nouvelle édition. 1842, in-8, fig. 6 fr.

INSTRUCTIONS SUR LES SOINS à donner aux chevaux pour les conserver en santé sur les routes, et remédier aux accidents qui pourraient leur arriver, par *Huzard*. Nouvelle édition augmentée. 1817, in-8. 1 fr. 50 c.

TRAITÉ DU PIED, considéré dans les animaux domestiques, tels que le cheval, le bœuf, le porc, le mouton, le chien, le chat, et les oiseaux, son organisation, ses défectuosités, ses maladies, avec la manière de les traiter, par M. *Girard*, ancien directeur de l'école royale vétérinaire d'Alfort. 3e édit. 1836, in-8, fig. 6 fr.

TRAITÉ D'ANATOMIE VÉTÉRINAIRE, par *J. Girard*. 4e édit. revue et augmentée. 1841, 2 vol. in-8. 12 fr.

TRAITÉ DE L'EMBOUCHURE DU CHEVAL, ou moyen de lui adapter le meilleur mors, d'après l'inspection de sa bouche et celle de sa conformation générale, par *A. de Santeuil*. 1839, in-8, fig. 2 fr.

ART DE FAIRE LE BEURRE ET LES MEILLEURS FROMAGES, d'après les agronomes qui s'en sont le plus occupés, tels que *Anderson, Twamley, Desmarest, Chaptal, Villeneuve, Huzard fils*, etc. 1838, in-8. 4 fr. 50 c.

ART DE GUÉRIR L'INDIGESTION avec gonflement de la panse, du bœuf et du mouton, précédé de considérations sur la culture des prairies artificielles, par MM. *Gellé* et *Lafore*; suivi d'une Instruction sur la pourriture des bêtes à laine. 1835, in-18, fig. 2 fr.

EXTRAIT DE L'INSTRUCTION POUR LES BERGERS et les propriétaires de troupeaux, ou catéchisme des bergers, par *Daubenton*. 5e édit. augmentée d'une 15e leçon sur les mérinos, d'une planche indiquant l'âge des bêtes à laine, et de notes par *J. B. Huzard*. In-12. 1 f. 50 c.

GALE DES MOUTONS (de la), de sa nature, de ses causes, et des moyens de la guérir. Trad. de l'allemand de *Walz*. 1811, in-8, fig. 1 f. 50 c.

INSTRUCTION SUR LA MANIÈRE DE CONDUIRE et gouverner les vaches laitières, par *Chabert* et *Huzard*. 3e édit. In-8. 1 f. 25 c.

maladies (des) contagieuses des bêtes à laine, et leur traitement, par M. *Ad. de Gasparin*. In-8. 3 fr.

manuel de la fille de basse-cour, contenant des instructions pour élever, nourrir, engraisser tous les animaux de la basse-cour, guérir leurs maladies, etc. Nouvelle édition augmentée. 1830. 1 fr.

manuel du bouvier, ou traité de la médecine pratique des bêtes à cornes, par *Robinet*; 3ᵉ édit. revue, corrigée et augmentée de notes traduites de l'anglais par M. *Huzard* fils; suivi d'un Traité de l'engraissement des veaux, des bœufs et des vaches, par M. *Grognier*, et de l'engraissement des bêtes à cornes, trad. de l'allemand de *Bapst* par M. *Moll*. 1837, 2 vol. in-12. 6 fr.

mémoires sur l'éducation, les maladies, l'engrais et l'emploi du porc, par *Erick Viborg* et *Young*; 2ᵉ édit. augmentée. In-8, fig. 4 fr. 50 c.

traité des bêtes a laine, leurs maladies, leur éducation, l'étude des races et leur perfectionnement; par *E. Martin*. In-8. 6 fr.

agriculture pratique et raisonnée, par sir *John Sinclair*, fondateur du bureau d'agriculture de Londres, etc.; trad. de l'anglais par *C. J. A. Mathieu de Dombasle*. 2 vol. in-8, fig. 12 fr.

Ouvrage suivi dans les écoles des fermes modèles.

préceptes d'agriculture pratique de *Schwerz*, directeur de l'institution royale wurtembergeoise, d'expériences et d'instruction agricoles, trad. de l'allemand par *P. R. de Schauenburg*, député, cultivateur, à Geudertheim. 1839, in-8. 1ʳᵉ partie, étude des sols, amendements et engrais. 5 fr.

— 2ᵉ *Partie*. culture des plantes a grains farineux, ou céréales et plantes à cosses, trad. par le même. 1840, in-8. 6 fr.

— 3ᵉ *Partie*. culture des plantes fourragères, trad. par le même. 1842. 5 fr.

éléments d'agriculture pratique, ou traité de la connaissance des terres, des engrais et de leur application, des instruments aratoires et des machines, des assolements, du labourage, de la culture des céréales, des plantes sarclées, textiles, oléagineuses et tinctoriales, des prairies naturelles et artificielles, suivi de notions très-étendues sur les fourrages, l'éducation des animaux domestiques, l'administration, le gouvernement, les dépenses et les produits d'une ferme, le tout terminé par un calendrier des travaux à faire chaque mois dans une exploitation rurale, par *David Low*, professeur d'agriculture à l'université d'Édimbourg, traduit par *J. J. Lainé*, consul de France à Liverpool, 1839, 2 vol. in-8, avec 205 figures intercalées dans le texte. 12 fr.

TRAITÉ THÉORIQUE et pratique des amendements et des engrais, précédé de notions raisonnées sur la connaissance des terres, l'analyse des sols et l'étude de la végétation, par M. *E. Martin*. In-8. 5 fr.

TRAITÉ DES PRAIRIES naturelles et artificielles, ou flore fourragère, contenant la culture, la description et l'histoire de tous les végétaux propres à fournir des fourrages, avec la figure de toutes les graminées, par M. *Boitard*. In-8, avec pl., fig. noires. 10 fr.

— Avec figures coloriées. 15 fr.

TAILLE RAISONNÉE DES ARBRES FRUITIERS et autres opérations relatives à leur culture, démontrées clairement par des raisons physiques tirées de leur différente nature et de leur manière de végéter et de fructifier; par *C. Butret*. 18e édit. 1840, in-8, fig. 1 fr. 50 c.

CULTURE EN RAYONS des turneps ou gros navets, telle qu'on la pratique en Angleterre, par *J. B. Huzard* fils. 1828, in-8, fig. 1 fr. 50 c.

TRAITÉ THÉORIQUE ET PRATIQUE DES ABEILLES, contenant leur histoire naturelle, leur éducation, la manière de faire des ruches avec des procédés nouveaux pour récolter le miel et blanchir la cire, etc., par M. *A. Martin*. In-18 orné de 9 pl. 3 fr. 50 c.

LE VIEUX CHASSEUR, ou traité de la chasse au fusil, par M. *Deyeux*; orné de 55 gravures sur acier représentant toutes les positions du vrai chasseur tirant le gibier, dessinées par *Adam*; augmenté de la loi de 1844. 1 vol. in-18. 3 fr.

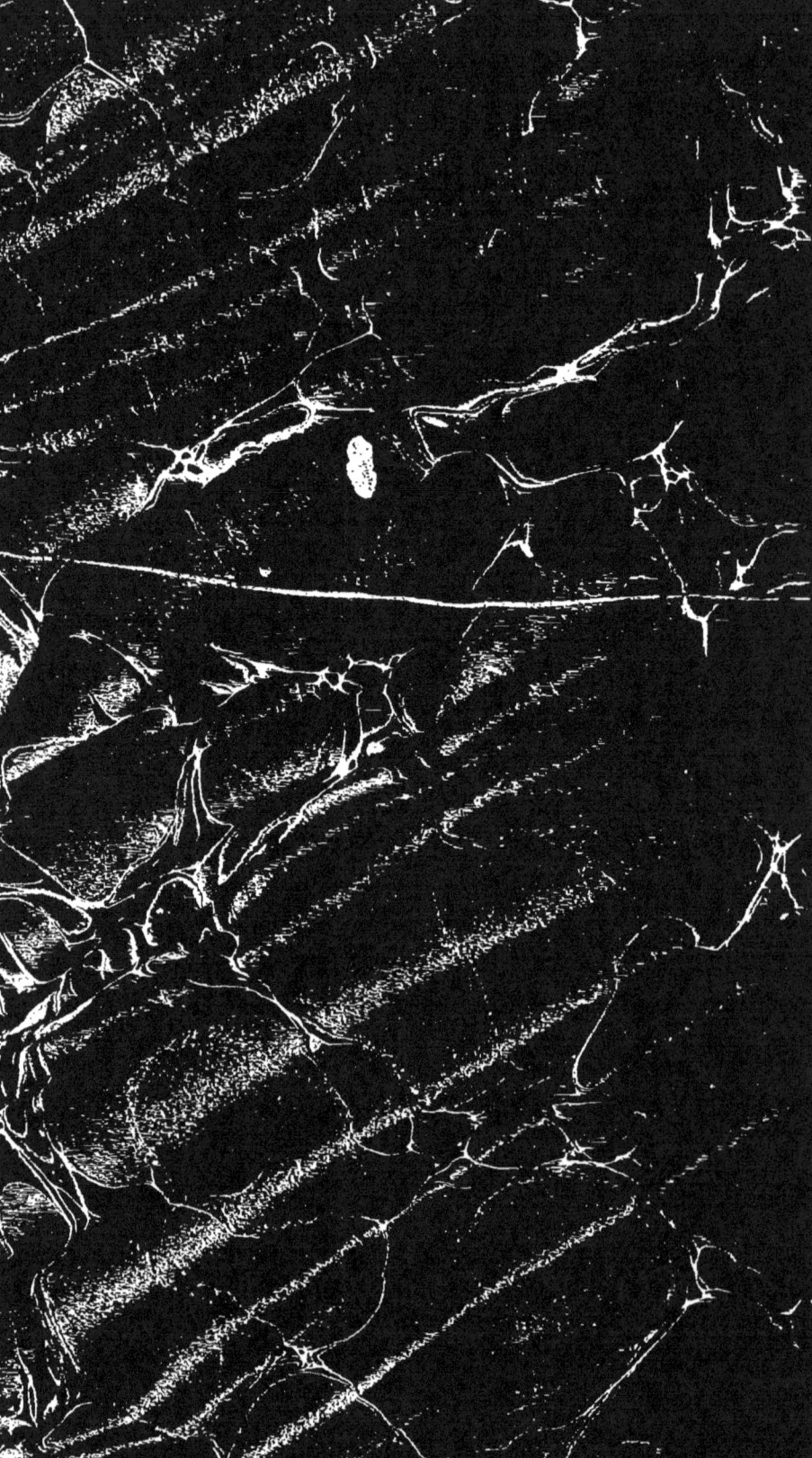

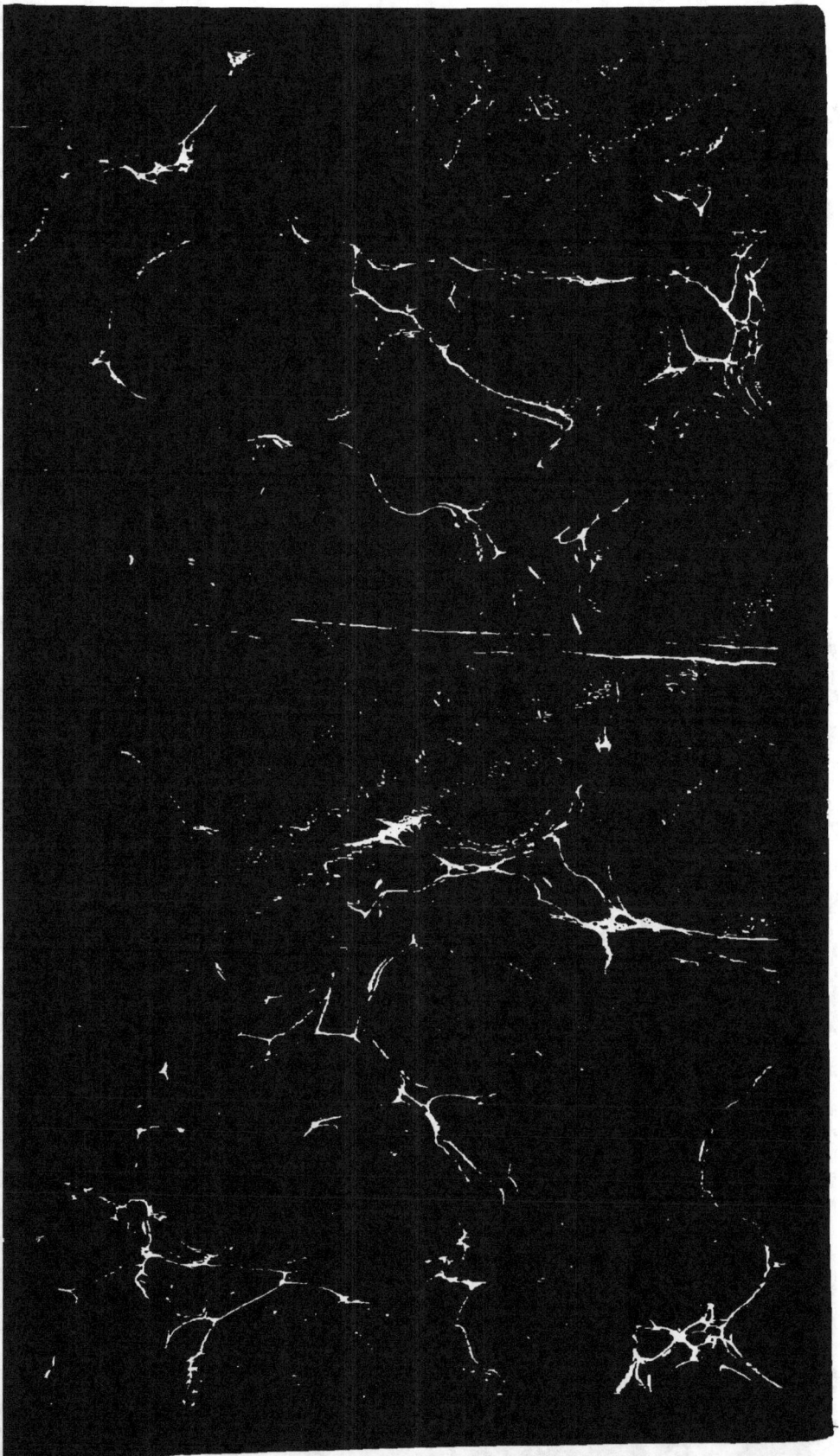